MEDIALE SCHRIFTEN

Dozent Dr. Karl Nowotny

Band 5

Dozent Dr. Karl Nowotny

MEDIALE SCHRIFTEN

Mitteilungen eines Arztes aus dem Jenseits

Band 5

LAREDO VERLAG MÜNCHEN

Welschstraße 7 * D–8000 München 81

4. Auflage

Umschlaggestaltung: Hans Neubert, Pähl

Gesamtherstellung: Ebner Ulm

Gedruckt auf chlorfrei gebleichtem Papier

Printed in Germany

ISBN 3–927518–08–5

INHALTSANGABE

EINLEITUNG

Es ist mein besonderer Wunsch, die Arbeit, die wir begonnen und mit viel Erfolg unter die Menschen gebracht haben, fortzusetzen und zu ergänzen, damit alle Unklarheiten langsam beseitigt und Fragen behandelt werden können, die noch der Erklärung bedürfen.

Vor allem mußte ich feststellen, daß das bisher Gesagte vielfach verschiedene Deutung erfahren hat, was nicht immer wünschenswert und richtig war.

Zusehr haben viele ein Bild für sich gesucht, eine Rechtfertigung für ihr Tun und Lassen, anstatt sich selbst unter die Lupe zu nehmen und nach Kräften zu korrigieren, was der von mir aufgezeigten Norm entsprach. Eine Norm wohl, die nicht nach Punkten geordnet einfach aufzuschlagen und abzulesen war, sondern der jeder durch einen tiefen Blick in den Spiegel näher kommen und so zu einer Selbsterziehung angeregt werden sollte.

Trotzdem darf ich hervorheben, daß mehr Menchen als erwartet Nutzen und Freude, ja Beruhigung und Heilung gefunden und so den Sinn und Zweck meines Leitfadens richtig verstanden haben.

Kein Meister ist noch vom Himmel gefallen, und so empfehle ich als erstes, dabei zu bleiben und durch wiederholte Lektüre den richtigen Weg zu finden bestrebt zu sein. Dann wird auch das weiterhin Gebotene seine gute Wirkung nicht verfehlen.

Vor allem sehe ich die Notwendigkeit, meine Warnungen vor unrichtiger und unerlaubter Befassung mit den geistigen Verbindungen zu intensivieren und zu präzisieren, da, jemehr die Parapsychologie sich bemüht, an diesen Problemen vorbeizusehen, die Störungen, die dadurch heraufbeschworen werden, um so häufiger auftreten.

Solange die Menschen darin bestärkt werden, daß alles, was sie tun und denken, ohne fremden Einfluß nur aus dem eigenen Ich hervorgebracht wird, solange kann man auch nicht erwarten, daß die Scheu vor solcher Betätigung Fuß faßt und Schranken setzt.
Die Scheuklappen, mit denen die Wissenschaft daran vorbeisieht, haben aber eine doppelte Wirkung. Nicht nur den im Irdischen lebenden Menschen nehmen sie die klare Erkenntnis und Sicht, auch den Abgeschiedenen, die kein Wissen von den Zusammenhängen erfahren konnten oder durften, ist der Weg schwergemacht.
Immer wieder zeigen sich Fälle, in denen Abgeschiedene – gleichgültig ob durch normalen Abschied oder Selbstmord aus dem Leben gegangen –an ihren Zurückgebliebenen hängen bleiben, ohne zu wissen, daß es ihrem Werdegang und dem gesetzmäßigen Lauf der Entwicklung widerspricht.
Eine entsprechende Aufklärung während der irdischen Lebensdauer kann daher viel Ungemach verhüten und in beiden Ebenen Ruhe und normalen Lebenslauf sichern. Aber ich sehe mit Genugtuung, wie sehr sich gute Psychiater, andere Ärzte und Gelehrte meiner Auffassung nähern, ja sich damit identifizieren und in wie vielen oft schweren Störungen Ordnung und Ausgeglichenheit erreicht werden konnten, wo bisher ein hoffnungsloser Zustand angenommen und schwere Krankheit diagnostiziert wurde. Wir wollen auf diesem Weg weiter fortfahren und durch Beschreibung von eindrucksvollen Einzelfällen das Wissen um diese Dinge vertiefen. Es ist wohl so, daß es kaum zwei Fälle gibt, die in ihrem Ablauf, in Ursache und Wirkung übereinstimmen, aber vergleichbare Parallelen werdet ihr finden können, die zu konkreten Annahmen hinführen und die Methode der Beseitigung des Übels rechtfertigen können.

1. KAPITEL
Maßvolle Nutzung geistiger Kräfte

Nicht immer wird man im landläufigen Sinn von Besessenheit sprechen, wenn das Verhalten eines Menschen den gesellschaftlichen Normen widerspricht. Deshalb wollen wir davon ausgehen, daß geistige Belastung oder besser gesagt geistiger Einfluß, also Einwirkung außerhalb des Organismus liegender geistiger Kraft - wie schon einmal ausgeführt - in allen Graden möglich ist und kein Mensch ohne geistige Hilfe und Tragkraft leben und existieren kann.

Alles ist - und ich wiederhole gerne - von geistigen Kräften getragen und vielerlei Möglichkeiten der Nutzung im guten Sinn und der Belastung im negativen sind gegeben.

Ich sagte einmal einem Gelehrten, der verwundert das Ergebnis seiner Forschung betrachtete und erstaunt fragte, wie es ihm wohl gelungen war, zu einem so überraschenden Ende zu kommen, er müsse stets bedenken, daß nur ein geringer Teil seiner geistigen Kraft menschlich irdisch sei, der überwiegende Teil seien geistige Kräfte, die er sich entsprechend seiner schon erreichten geistigen Reife zunutze macht.

Diesen Ausspruch dürft ihr zur Grundlage in allen Fällen nehmen, in denen sich positiv oder negativ orientierte Abweichungen oder Begebenheiten zeigen,für die ihr mit eurem üblichen Maß gemessen keine Erklärung findet.

Es genügt aber wohl nicht immer nur die Feststellung.

In sehr vielen Fällen ist es geboten, Mittel und Wege zu finden, um der Einflüsse Herr zu werden, sie in ein gesundes Maß zurückzuführen oder die völlige Befreiung davon zu erreichen.

Es ist eine alte Tatsache, daß ein Zuviel vom Guten ebenso böse Folgen zeitigen kann, wie ein geringes Maß an Bösem das Gleichgewicht stören und Not und Krankheit verursachen kann.

Bleiben wir vorerst beim Zuviel vom Guten. Ein Künstler, der besondere, über das übliche Maß hinausgehende Qualität zeigt und im Stande ist, bedeutende Kunstwerke zu schaffen, sei es ein Maler oder Bildhauer, Komponist oder ein mit besonderer Fertigkeit ausgestatteter Mensch, wird darauf bedacht sein müssen, den Umfang seiner Tätigkeit sehr genau unter Kontrolle zu haben, damit seine körperliche Konstitution, sei es in bezug auf die Tätigkeit seines Gehirns, sei es im Hinblick auf seine sonstigen Körperkräfte, die Tätigkeit des Herzens, des Kreislaufs und der Organe nicht Schaden leidet.

Vielfach fühlt sich ein so außerordentlich begabter Mensch getrieben, oder er läßt sich eben treiben im Vollgefühl seines Könnens und verausgabt seine von Natur ihm zugemessenen Kräfte über die Maßen ohne Bedenken und davon überzeugt, daß es so sein müsse und nicht anders.

Eine strenge Selbstbeobachtung ist geboten, und jeder prüfe sich selbst, wie weit er selbst imstande ist, die besonderen Leistungen zu vollbringen und wo die Grenzen seiner eigenen Leistungsfähigkeit liegen.

Warum das wichtig ist, will ich erklären. Geistige Kraft ist – um es euch verständlich zu machen – Strahlenkraft, die in euch dringt und sich mit der in euch wohnenden Lebenskraft verbindet. Es ist das Geistwesen, das in eurem Körper wohnt und eure Organe lenkt und leitet, euer Gehirn mit Kraft speist – möchte ich sagen – und das eine ausgewogene Verbindung zu Seele und Körper bewirkt.

Nun stelle man sich vor, daß zu dieser eurem Organismus entsprechenden Kraft eine fremde sich dazugesellt

und sich eurer Nervenkraft bedient, mitarbeitet und dirigiert. Tut es diese fremde Kraft unter strenger Bedachtnahme auf die ihm gebotenen Möglichkeiten und gesunden Grenzen, so wird der Betroffene großen Nutzen und Kraft daraus gewinnen. Geschieht dies aber ohne Rücksichtnahme auf die Leistungsfähigkeit und Konstitution des Empfängers, so muß damit gerechnet werden, daß eines Tages Schädigungen auftreten, deren Ursache kein Arzt ergründen kann.
Ich sagte schon an anderer Stelle, daß jeder Mensch eine Ausstrahlung besitzt und ebenso jedes Geistwesen außerhalb des irdischen Bereichs. Demgemäß gibt es widersprechende und übereinstimmende oder konvenierende Strahlen. Je nachdem, wieweit Übereinstimmung gegeben ist, ist die Wirkung auf den Organismus entsprechend fördernd oder mindernd.
Wie man eine Kommunikation in positiver oder negativer Weise zu beurteilen hat, davon wollen wir im nächsten Abschnitt sprechen.

2. KAPITEL
Beurteilung und richtige Auswahl geistiger Einflüsse

Ich sprach gestern von positiver und negativer Wirkung einer geistigen Belastung auf den Menschen. Ob positiv oder negativ besagt nicht, daß die geistige Kraft, die von außen auf ein inkarniertes Wesen Einfluß nimmt, gut oder böse, hoch oder niedrig, wertvoll oder wertlos ist, sondern soll die Reaktion bedeuten, die sie bei den Betroffenen auslöst bzw. die Folgen, die mit dem Zusammenwirken beider in ein und demselben Organismus verbunden sind.
Wir können uns dies sehr gut vergegenwärtigen, wenn wir Menschen betrachten, die unserer Meinung und Auffassung nach außerordentliche Leistungen vollbracht oder besondere Werke geschaffen haben. Betrachten wir einige Komponisten, so erweist es sich sehr deutlich, daß die meisten von ihnen des Guten zuviel getan haben.
Beethoven hat seinen Gehörapparat in einer Weise überanstrengt, daß er nicht mehr fähig war, materielle Töne oder Schwingungen aufzunehmen. Trotz Verlust dieser Fähigkeit war er imstande, geistig zu hören, Töne aufzunehmen, die von einer fremden Kraft in seinem Inneren erzeugt waren. Die Schuld oder die Ursache dieses Versagens auf menschlich-irdischem Gebiet lag darin , daß das Geistwesen, das von ihm Besitz ergriffen hatte, die ihm von Natur gesetzten Grenzen nicht beachtete.
Auch wir hier empfinden Wohlbehagen und fühlen uns glücklich, wenn wir in reiner, positiver Weise aufgenommen werden und uns bei den irdischen Freunden Einlaß gewährt wird.
Ich würde auch gerne fortlaufend schreiben und meine Lehren ohne Unterbrechung vermitteln wollen, weiß

aber, daß ich damit nicht nur Freude, sondern auch Schaden verursachen würde.
Es ist deshalb immer wieder mein Anliegen, den Menschen Maßhalten in allen, auch in den schönsten Dingen einzuprägen, damit wertvolle Schöpfungen nicht teuer erkauft und gegen Not und Krankheit eingetauscht werden müssen.
Davon zu sprechen ist nur sinnvoll, wenn es auch mit Gefühl und Verstand aufgenommen wird. Ein einmal Geschädigter hat es sehr schwer, die Ursache zu erkennen und sich umzustellen.
Will man einen guten Freund erhalten, so lasse man ihm auch seine persönliche Freiheit und zwinge ihn nicht unter seinen eigenen Willen. Umgekehrt gesagt bedeutet es die Distanz, die man seinem Gegenüber einzuhalten aufgibt und die Grenzen, die man im Verkehr miteinander wahren soll.
Gewiß können wir auch von hervorragenden Kräften berichten, die ihre Aufgabe richtig gesehen und ein Zuviel geflissentlich vermieden haben.
So ist Goethe wohl ein Beispiel dafür. Er hat seine größten Werke in kürzester Zeit vollendet, ohne dem materiellen Leben zu entsagen. Ausgewogenheit in der Nutzung der geistigen Kräfte war bei ihm in hohem Maße gegeben.
Anders lagen die Dinge z.B. bei Schumann. Er hatte gute Helfer und schuf bleibende Werke für die Menschheit. Aber es war in keiner Übereinstimmung mit seiner irdischen Leistungsfähigkeit. Nach verhältnismäßig kurzer Zeit war er verbraucht und verlor die Fähigkeit, sich guten Kräften zu öffnen. Sein Gehirn versagte den Dienst, sodaß sich seine guten Mittler zurückzogen.
Er aber war willens und voll Tatendrang, wollte sein Versagen nicht zugeben und den Schlußpunkt nicht erkennen. Die Umwelt hätte es übel vermerkt, hätte er sich

von seiner schöpferischen Tätigkeit entfernt. Aber nun war er nur noch für mindere Kräfte zugänglich, d.h. nur solche gaben seinem Drängen nach und erfüllten seine Seele mit schwerer Last. Was sie ihm mitteilen und übermitteln wollten, war er nicht mehr fähig, richtig zu verstehen. Verwirrung des Geistes entstand, wie die Menschen feststellen mußten, und Besessenheit war sein Ende.

Ich habe schon einmal darauf hingewiesen, daß jeder, der bewußt bestrebt ist, geistige Hilfen für sich in Anspruch zu nehmen, den Mut haben muß, das auch einzubekennen und im Verkehr mit diesen Kräften eine noch größere Sorgfalt an den Tag legen sollte als im Verkehr mit seiner Umwelt.

Unrichtig ist die Einstellung vor allem dann, wenn nur materieller Erfolg die Triebkraft ist.

Ein Künstler, der medial, also mit Hilfe fremder Kraft besondere Leistungen vollbringt, ist meist nicht gewillt, diese zum Verkauf zu bringen, weil er die Ungerechtigkeit empfindet, die für ihn darin liegt, daß er sich für etwas entlohnen lassen soll, was er nicht selbst geleistet hat. So diejenigen, die ihre Helfer richtig bewerten und ihren Einfluß hoch schätzen. Sie werden gewiß auch nicht das Gefühl haben, getrieben zu werden, sondern bestrebt sein, ihre mediale Tätigkeit in ihr materielles Leben maßvoll einzugliedern.

Ich gebe zu, daß es für den irdischen Menschen schwer ist, zu erkennen, wo die eigenen Fähigkeiten, das eigene Können an der Grenze ist und fremde Hilfe sich einstellt.

Verwundert nimmt mancher wahr, daß er etwas ganz anderes geschaffen hat, als es in seiner Absicht war. Ist dieser Fall eingetreten, dann sollte jeder kritisch prüfen, ob das, was vor ihm liegt, auch allen Anforderungen an ein vollkommenes Werk entspricht, ob es seiner Auf-

fassung gerecht wird oder ob es in irgendeiner Weise aus dem Rahmen fällt. So in der Malerei und in der Musik und allen bildenden Künsten.
Der Mensch lebt im Irdischen gebunden an Zeit und Raum und ist verpflichtet, will er ein normales gesundes Leben führen, diesen Beschränkungen Rechnung zu tragen.
Auch ein geistiges Wesen außerhalb der materiellen Welt hat die Aufgabe, den Menschen in diesem Rahmen zu sehen und ihn darin bewahrt zu lassen.
Geistwesen, die von Tageslicht gestört, von Lärm behindert werden, sind nicht solche, mit denen sich die Menschen einlassen sollen. Sie nehmen ihnen Kraft und schaden ihrer Gesundheit auch dann, wenn noch so – nach Ansicht der Umgebung – wertvolle Leistungen vollbracht werden.
Ich sagte schon wiederholt, daß die Nacht zum Schlafen da ist und der Mensch in dieser Zeit Kraft aus Gefilden empfängt, die ihm nicht gegenwärtig und faßbar sind.
Haltet euch daran und prüft nach diesem Gesichtspunkt in erster Linie jede mediale Verbindung.
Der Schluß, der aber daraus gezogen werden soll, betrifft die Betreuer und Förderer der sogenannten Genies, die anstatt zu warnen und einzudämmen, immer weiter drängen und Höchstleistungen fordern, ohne zu ahnen, wie viel gute Kräfte damit aufs Spiel gesetzt werden.
Oft schon hat ein sehr begabter Künstler plötzlich seine Arbeit, seinen Beruf oder auch seine Berufung aufgegeben, weil er die Überforderung nicht ertragen, den Partnern aber nicht eingestehen wollte, daß er nicht ununterbrochen unter geistigem Druck schaffen könne.
Kein irdischer Mensch kann aus seiner Sicht beurteilen, wo der Fehler liegt und keiner hat das Recht, einem anderen daraus einen Vorwurf zu machen.

Erst umfassendes Wissen und der Wille und die Bereitschaft, sich dieser anderen so unbekannten Welt mit Vernunft und Vorsicht gegenüberzustellen, einen geregelten und - ich möchte sagen - gesetzmäßigen Verkehr mit ihr herzustellen, werden es möglich machen, bei der Beurteilung von geistigen Verbindungen zwischen positiven und negativen zu unterscheiden.

Es muß dann jeder beurteilen können, ob der Lehrer oder Führer, der sich seiner freiwillig oder gezwungenermaßen bemächtigt, als solcher anzuerkennen und einzulassen ist.

So wie sich der Mensch im Irdischen seine Vorbilder sucht und annimmt oder ablehnt, so muß es in noch viel vorsichtigerer Weise bei der Auswahl geistiger Helfer der Fall sein.

Daß aber auch hier nicht immer die Möglichkeit zur Wahl gegeben ist, muß beachtet werden.

Es ist oft nicht in der Macht des irdischen Menschen, sich allein von einer solchen "Hilfe" zu befreien, die nun einmal angerufen und aufgenommen wurde.

Da tritt nun die Befreiung durch Inanspruchnahme anderer geistiger Helfer in ihr Recht und darüber werden wir noch manches in verschiedenen Zusammenhängen zu berichten haben.

3. KAPITEL
Grundlagen und Erfordernisse für den geistigen Fortschritt der Menschheit

Wir haben einmal davon geschrieben, daß der Mensch mit allen seinen Irrtümern und Fehlern nach dem Abschied von der irdischen Welt hinübergeht , daß er alle Fehlhaltungen in seiner verflossenen Existenz eindeutig erkennen kann und nun die Möglichkeit hat, Mittel und Wege zu suchen, um seinen Fortschritt wahrzunehmen. Auch dazu gehört aber der freie Wille und die Einsicht, daß es besser ist, vorwärts zu streben, anstatt auf dem bisher Erreichten stehenzubleiben.

Wir müssen uns auch darüber im klaren sein, daß die Menschheit noch auf einer recht niedrigen Entwicklungsstufe steht und daß es noch sehr lange dauern wird, bis der überwiegende Teil diesen guten Weg nach oben erkannt und beschritten hat.

Das ist der Grund dafür, daß eben viele noch nicht weiter wollen, daß sie an der materiellen Welt hängen und ihr Glück nur da gewinnen zu können glauben.

Auch die Auffassung der Gelehrten gehört hier eingereiht, die den Menschen als das einzige Wesen betrachten in seiner irdischen Form, ihm alle Fähigkeiten und Errungenschaften zuschreiben und auf andere höhere Einflüsse und Kräfte verzichten zu können glauben.

An ihrer Überheblichkeit scheitern die Wissenschaftler und an der Angst, zugeben zu müssen, daß auch sie nur kleine unbedeutende Werkzeuge einer höheren Macht sind.

Sie verhindern aber damit auch der Wahrheit zum Durchbruch zu verhelfen und Unsicherheit auf allen Gebieten zu beseitigen. Die Kräfte, mit denen sie im irdischen Leben konfrontiert werden, die Gefahren und

Feindseligkeiten, Widersacher und Neider sind die gleichen wie die, die ihnen aus anderer Sphäre das Leben sauer machen können.
Mit Scheuklappen daran vorbeigehen und nicht sehen wollen, ist nicht nur gefährlich, sondern in hohem Maße unvernünftig.
Es gibt vieles, was der Mensch nicht sehen oder fassen kann, und von dessen Existenz er doch weiß und überzeugt ist.
Die geistigen Kräfte gehören zu den umfassendsten dieser Art, und ein Mensch, der sich von dem Weltbild, seinem Werden und Wandel Gedanken macht, muß unfehlbar auf die Zusammenhänge stoßen. Die Kräfte, die von abgeschiedenen Seelen in den Werdegang der Menschheit eingreifen, sind ganz und gar nicht verschieden von den Kräften, die im irdischen Bereich durch die in diesem inkarnierten Wesen wirken.
Der Unterschied liegt nur darin, daß der irdische Mensch an Raum und Zeit gebunden nur einen begrenzten Wirkungskreis erfassen kann, während die außerirdischen unbehindert ihren Einfluß geltend machen können. Ursache und Wirkung sind für den Irdischen physikalische Begriffe. Aus geistiger Sicht betrachtet und in bezug auf solche Kräfte kann diese Betrachtungsweise nicht mehr gelten.
Darin liegt die Schwierigkeit für die Wissenschaft, solange sie die Lehre von den geistigen Kräften und Einflüssen nicht in ihren Bereich einbezieht.
Die Behandlung der damit zusammenhängenden Fragen erfordert natürlich eine völlig neue Einstellung und der Begriff "Wissenschaft" muß neu formuliert werden, wenn sich die Menschen über ihren wirklichen und wahren Stand im Weltall klar werden wollen. Der Verkehr mit der Geisterwelt muß in wissenschaftlicher Art und Weise sozusagen gesetzmäßig geregelt werden.

Ich will damit sagen, daß der irdische Mensch unterrichtet werden muß, wie er sich zu jenseitigen Einflüssen, denen ja jeder ausgesetzt ist, in allen Lebenslagen einzustellen hat, was er lernen muß im Zusammenhang mit seiner Umgebung in allen Konstellationen.
Vor allem darf nicht nur die Wissenschaft dieses Gebiet für sich in Anspruch nehmen. Es ist wie eine tief religiöse Frage zu behandeln, so daß der Mensch sich klar darüber wird, wohin er sich wenden muß, wenn er dieses irdische Dasein programmgemäß meistern will. Ich sagte schon an anderer Stelle, daß der Mensch die geistigen Kräfte aufnimmt, ohne es bewußt zu wollen, allein entsprechend seiner geistigen Reife.
Man darf aber nicht glauben, daß das immer so ist und daß ein schon einigermaßen hochentwickelter Mensch in jedem Fall nur die besten Kräfte anzieht.
Das menschliche Leben ist voll von materiellen Hindernissen und Schwächen, und im Jenseits finden sich mannigfache Wesen bereit, zu stören und Fortschritt zu verhindern.
Eindrücke, die einen seelisch schwachen Menschen aus seiner gewohnten guten Bahn lenken, gestatten dann diesen minderen Kräften den Eintritt in seinen Organismus.
Ein Mensch, der gelernt hat, sich zu beobachten, der weiß, daß er Abstand gewinnen muß zu allen negativen Einflüssen auch im Irdischen und von den Mitmenschen verursachten, wird rechtzeitig Abwehr finden und kann seinen guten Helfer zu Rate ziehen. Er kann es und sollte stets den Mut dazu haben.
Leider ist solchem Bestreben vorläufig noch ein Riegel vorgeschoben, weil kein Mensch oder nur sehr wenige den Mut haben, ihre Störungen einzugestehen und sich der nächsten Umgebung anzuvertrauen. Rücksichtslos und unvernünftig muß er gegenwärtig als verrückt

bezeichnet werden und mit seiner Last in einer Anstalt landen. Damit muß vor allem aufgeräumt werden und muß Sorge getragen werden, daß Verstehen und Verständnis solchen Menschen entgegengebracht wird.
Rechnet nicht jedes abwegige Verhalten einem Menschen selbst zu, der so recht gegen sein sonstiges Lebensbild abwegig erscheint. Mehr als ihr denkt, sind es fremde Einflüsse, die aber nur noch intensiver wirksam werden, je mehr ihr sie dem Betroffenen zuschreibt. In den meisten Fällen seid ihr in der Lage, die Befreiung mit vereinten Kräften zu bewirken, wenn ihr die rechte Einstellung gefunden habt.
Ihr kennt den schönen Spruch: "In jedem Menschen ist ein guter Kern". Er ist gewiß wahr, und ihr dürft getrost davon ausgehen. Es gibt daher keinen hoffnungslosen Fall, und ich möchte sagen, es wäre Frieden und Ruhe schon auf der irdischen Welt eingezogen, wenn die Menschen in diesem Sinne mit ihren Mitmenschen und auch mit den Jenseitigen verkehren wollten und könnten. Die häufigsten Fälle sind dort zu suchen, wo Trennung zwischen innig verbundenen Individuen erfolgte. Die Menschen schätzen nur das, was sie sehen können und sind sich nicht bewußt, daß das, was sie unsichtbar umgibt, oft von höherem Wert ist. Sie lassen aber in ihren Gedanken nicht ab, einen Verlust zu beweinen und wissen nicht, daß sie damit eine oft viel schönere Gemeinsamkeit zerstören. Die Folgen können aber in hohem Maße gefährlich sein, wenn das die irdische Welt verlassen habende Geistwesen in Unkenntnis seiner Lage bemüht ist, zu trösten oder gar bestrebt ist, den irdischen Partner an sich zu ziehen.
Dann hört man oft die Worte, ich kann ohne ihn oder sie nicht leben, ich muß ihm nach, ich kann nicht anders. Und Selbstmord ist dann die Folge.

Noch viel eindringlicher und schier unüberbrückbar erscheint die Lage, wenn ein Selbstmörder erkennt, daß er zu Unrecht seinem Leben ein Ende bereitet hat und nun versucht, mit aller Gewalt an seinem irdischen Milieu festzuhalten. Er bemächtigt sich oft gerade desjenigen, der ihm am nächsten stand, nicht wissend, daß er ihm Not und Verderben bringen kann.
Sein Bestreben ist es aber meist, seinen Gewohnheiten und Süchten zu frönen, die ihn eben zu einer vorzeitigen Aufgabe seines Daseins verleitet haben.
Für die Umgebung fällt dann oft die Tatsache auf, daß der Befallene die gleichen Gewohnheiten an den Tag legt wie der Verstorbene, und man gelangt zu dem Ergebnis, er habe es eben von diesem geerbt. Ein Wissen um diesen wahren Zusammenhang kann da in kurzer Zeit Abhilfe schaffen. Aufklärung beider Teile und bewußte Abwehr gegen den Eindringling sind geboten und stets von Erfolg.

4. KAPITEL

Verwandtschaft aus irdischer und jenseitiger Sicht; positive und negative Kommunikationen im Zusammenhang mit Verwandtschaft. Die geistigen Zusammmenhänge als notwendige Grundlage zur Schaffung neuer Gesetze und Rechtsnormen

Wir haben zuletzt davon geschrieben, daß Verwandte oder Angehörige, die die irdische Welt verlassen haben, trotzdem noch und oft in viel intensiverer Weise an dieser hängen, ja mit aller Gewalt noch leben wollen wie vorher und dazu - wenn auch für sich ohne Erfolg - an ihren Nächsten und bei diesen die Möglichkeit dazu suchen.

Verwandtschaft im Irdischen ist aber nicht gleichbedeutend mit Verwandtschaft im geistigen Bereich, sodaß wir dieses Problem auch von dieser Warte aus betrachten müssen.

Hier ist Verwandtschaft soviel wie Gleichheit der Ausstrahlung, Identität mit dem Dual oder auch nur Ähnlichkeit und daraus resultierende Anziehungskraft.

Manch einer ist in seiner Veranlagung für eine bestimmte Leistung geeignet oder prädestiniert, es erweist sich aber mit der Zeit eine so unerklärliche und weit über das erwartete Maß hinausgehende Steigerung seiner Fähigkeiten, daß man wie vor einem Rätsel steht, da man bei aller Förderung der Anlagen solche Höchstleistungen nicht erwartet und für sie auch keine Basis hätte schaffen können. In einem solchen Fall spricht man dann von Genie und ist eben zufrieden, daß in dem Menschen so unerwartete Fähigkeiten schlummerten.

Anders bei solchen, die nicht in einer so positiven Richtung Hilfe und Lenkung erfahren. Wir wissen, daß es auf dieser Welt und im gesamten Weltall noch sehr viel

negative und unterentwickelte Wesen gibt, die wohl auch einer höheren Reife zustreben müssen, den richtigen Weg aber noch nicht gefunden haben.
In diesem Zusammenhang möchte ich noch einmal eindeutig feststellen, daß es kein Geistwesen gibt, das für alle Ewigkeit im Dunkel bleiben muß oder will; alle sind mit einem göttlichen Funken begabt, der ihnen das Streben nach oben vermittelt und früher oder später auch dazu verhilft.
Das ist es, was uns zu dem Schluß berechtigt, daß jedes Wesen ein Geschöpf Gottes, der göttlichen Allmacht ist und dementsprechend Achtung und Beachtung verdient.
Diesen Grundsatz wollen wir auch bei der weiteren Betrachtung nicht außer Acht lassen und stets bedenken, daß es unsere Aufgabe und unsere Pflicht ist, richtig zu beurteilen, aber nicht zu verurteilen, was außerhalb oder unter unserem vermeintlichen Niveau liegt. Die Wissenschaft, die sich mit der Seele des Menschen befaßt, hat nicht unrecht, wenn sie annimmt, daß in jedem Menschen ein Gutes und ein Böses ruht, und sie ist der Auffassung, daß es durch äußere Einflüsse, durch negative Eindrücke usw. zu einem Ausbruch des Bösen, des ganz natürlicherweise jedem Menschen eigenen Bösen kommen kann.
Es ist insoweit richtig, als die meisten Menschen noch einer recht bescheidenen Entwicklungsstufe angehören und ihre böse Komponente nur durch die Gesetze und Normen der Zivilisation verdeckt oder verheimlicht ist. Es mag daraus erhellen, wie notwendig solche Normen und Grenzen sind, die sich die Gesellschaft auferlegt. Denn unvorstellbar wäre das Chaos, wenn jeder seinen Trieben und seiner Vorstellung gemäß leben wollte und dürfte.

Aber die wahren Gesichter würden sich zeigen und Klarheit darüber könnte jeder erlangen, wo sein rechter Platz und wo sein Wirkungskreis wäre.

Wir wollen die Folgen einer solchen Umkehr der Lage nicht weiter verfolgen. Trotz aller Schwierigkeiten, die im einzelnen daraus erwachsen, ist es gut so, wie es ist, und dürfen wir dankbar sein, daß uns die klare Sicht ins Innere unserer Mitmenschen verwehrt ist. Wenn wir auch dadurch vom einen besser denken, als er es verdient, und vom anderen schlechter, so ist es doch dadurch auch möglich, positive Menschenkenntnis zu üben.

Ein schwieriges Kapitel ist aber das Erkennen und richtige Beurteilen von Fehlhaltungen, ja von Vergehen und Verbrechen. Man schüttelt den Kopf, wenn man hört, daß ein Mensch, der einen guten Leumund genoß, einen Mord begeht oder auch nur Selbstmord. Sein Wesen schien dem entgegengesetzt und in seiner Veranlagung glaubte man keine Ursache dafür finden zu können.

Was hat ihn dann dazu veranlaßt, was ist ihm plötzlich in den Kopf gestiegen, fragt man sich.

Wer heute schon über die Zusammenhänge mit dem Jenseits ein wenig unterrichtet ist, wird seine Gedanken vielleicht schon darauf richten und zu untersuchen bemüht sein, woher wohl die fremde Kraft und die dem Wesen des Täters so fremde Handlungsweise kommen konnte.

Ein Grundzug des Negativen, ein Hang dazu und eine Empfangsbereitschaft für in dieser Weise konvenierende Strahlen muß gegeben sein, aber niemals hätte ein Mensch aus eigenem Antrieb, ohne fremden Einfluß eine solche Tat vollbracht.

Da beginnen nun die Zweifel, wo die Verantwortung liegt, wer der wahrhaft Schuldige ist und wie eine solche abwegige Handlungsweise gesühnt werden soll.

Probleme über Probleme, die sich da den Menschen und den Behörden eröffnen, die dafür die Entscheidungsgewalt haben und womöglich über Leben und Tod entscheiden sollen.

Die herrschende Auffassung von der Eigenverantwortung des Einzelnen läßt da vorläufig nur den Schluß zu, daß derjenige schuldig ist, der die Tat offensichtlich und bewiesenermaßen ausgeführt hat. Geistige Zusammenhänge können so lange nicht in die Beurteilung einbezogen werden, solange man sie nicht zur Grundlage alles Seins macht und demgemäß neue Gesetze und Rechtsnormen schafft. In Fällen, da die geistigen Kräfte in so eindeutiger Weise gewirkt haben, daß das Verhalten des Täters von der üblicherweise als normal bezeichneten Art abweicht, kann angenommen werden, daß geistige Umnachtung die Ursache war und statt des einen Gefängnisses das oft noch viel schlimmere in einer Anstalt für Geisteskranke beantragt wird. Eine Heilung ist aber kaum zu erwarten, weil man gegen die geistige Störung dort nicht die richtigen Methoden anwendet.

Psychiater und gute Psychotherapeuten sollten sich besonders solcher krassen Fälle annehmen und daran lernen, wo die Ursachen liegen und wie man sie beheben, wie den Menschen davon befreien kann.So wie im irdischen Leben unsere Umgebung auf unser Gefühlsleben in unterschiedlichster Weise wirkt, so muß auch der Einfluß von außen betrachtet und unter Umständen berücksichtigt werden. Angenehm, wohltuend, beruhigend und liebevoll, fröhlich und interessant, aber auch störend, belastend, aufreibend, ja nervenzerrüttend, also in allen Varianten des Vokabulars.

Der Mensch ist geneigt, aus dem ihn treffenden Kontakt auf das Wesen des Anderen zu schließen und muß nur allzuoft enttäuscht feststellen, daß hinter guten und

liebevollen Worten nur Verstellung und Schein verborgen waren.
Vorsicht ist das Wort, das dazu auffordert, erst in die Tiefe zu sehen, bevor man sein Urteil fällt. Das ist aber nicht immer so leicht, schwere Leiden der Seele sind oft die Folge bitterer Erkenntnis. So im irdischen Dasein, wo uns Sehen und Hören gegeben ist und wir mit einer mehr oder weniger guten Beobachtungsgabe rechnen dürfen.
Anders liegt dies in der Kommunikation mit jenseitigen Kräften. Wir sehen sie nicht, können sie nicht hören - nicht im irdischen Sinn- und haben keine Möglichkeit, sie in ihren Lebensäußerungen zu beobachten.
Wie können wir da von Vorsicht sprechen und welche Kriterien sind zu beobachten und zu prüfen, um zu erkennen, mit welchen Kräften man verbunden ist?
Darüber wollen wir im nächsten Abschnitt schreiben und in einzelnen Fällen das Ergebnis aufzeichnen.

5. KAPITEL
Hinweise zur Prüfung geistiger Verbindungen, Wahrung der Willensfreiheit durch jenseitige Helfer

Medialität ist keine Auszeichnung, denn die Fähigkeit, Kontakt mit unsichtbaren Wesen und Kräften aufzunehmen, ist jedem Menschen gegeben, ja sogar nicht nur den Menschen, sondern jedem irdischen Lebewesen.
Man bezeichnet aber nur den als medial, der eindeutige Merkmale aufweist, die darauf hinzuweisen scheinen, daß seine Äußerungen und Leistungen über den Rahmen des allgemein Gültigen hinausgehen. Wenn also z.B. ein Kind in unbewußtem Fieberzustand philosophische Vorträge hält, die seiner geistigen Reife - ich meine seiner Schulbildung - in keiner Weise entsprechen, dann hält man es für ein besonderes Wesen, nennt es begnadet und ist bestrebt, diese Fähigkeit tunlichst zu fördern und zu erhalten.
Man sollte es eher bedauern, denn in den meisten Fällen führt es zu schwerer geistiger Störung, zu Ohnmacht und Unvermögen, sein eigenes Leben zu leben.
Der Irrtum liegt hier vor allem bei dem Belastung verursachenden Geistwesen, das unbekümmert seine Kräfte wirken läßt ohne Rücksicht auf die Folgen, die es aber nie mehr beheben kann, wenn der Organismus in seinen normalen Funktionen gestört ist und dort und da den Dienst versagt.
Man kann gewiß dabei nicht von Besessenheit im bösen Sinn sprechen, da das Geistwesen entsprechend seinen vielleicht für die Menschen wertvollen Mitteilungen wohl einer gehobenen Entwicklungsstufe angehört. Sein Egoismus ist aber stärker als die Einsicht, daß solches Tun auch ihm nicht erlaubt ist.

Die Menschen aber müssen erkennen, daß solche Inanspruchnahme durch geistige Kraft kein Vorzug ist, sondern nur - wie bereits gesagt - seine Ursache darin hat, daß eben eine Übereinstimmung und damit eine Brücke zu gemeinsamer Strahlung gegeben ist.
Keineswegs gemeinsam ist aber der Wille zu solcher Betätigung. Das Kind, von dem ich sprach, steht unter Zwang; es hat weder die Kraft noch ist ihm bewußt, daß es sich davon befreien kann und muß.
Verschiedene Punkte sind zu beachten, wenn man beurteilen möchte, ob eine Verbindung gut - ich meine für den Betroffenen gut - und für seinen Organismus gesund zu nennen ist.
Gleichgültig, ob wertvolle oder mindere Kräfte Besitz ergriffen haben, es darf niemals unter Zwang erfolgen, also so, daß der "mediale" Mensch das Gefühl hat, nicht anders zu können und mit den Worten "ich muß einfach, ich kann nicht anders" oder "ich habe es ja nicht tun wollen" sein absonderliches oder ungehöriges Verhalten begründet.
Der Wille des Menschen ist frei und muß frei bleiben, ist oberster Grundsatz auch im geistigen Bereich.
Gegen Zwang ist also nur die Stärkung des eigenen Willens erfolgreich und die eindeutige Entscheidung, nur das zu wollen, was aus freiem, eigenem Willen geschieht.
Dies gilt natürlich auch umgekehrt für zwangsweise Unterlassung und es ist genau das gleiche in umgekehrter Folge: "Ich habe es ja tun wollen, aber ich habe es einfach nicht können."
Mangelndes Selbstvertrauen öffnet solchen Kräften Tür und Tor, und Menschen, die an solchem Mangel leiden, finden dann nicht die Kraft, ihren Willen durchzusetzen, in der Meinung, daß sie eben so willenlos sind und es nicht ändern können.

Die zitierten Aussprüche sollten daher von den Psychiatern und Psychotherapeuten viel ernster und wichtiger genommen und nicht nur als eine Ausrede betrachtet werden.
Man wird verwundert sein, wenn man langsam zu dem Ergebnis kommen wird, daß die Behebung und Lösung für so unheilbar gehaltene Leiden so einfach ist, und es nur eines rechten Einfühlens in die Psyche des Patienten bedarf, um mit richtunggebenden guten Worten das Ziel zu erreichen, ja noch mehr, damit auch Grundlagen zu schaffen für ein weiterhin erfolgreiches Leben.
Zwang ist immer dann anzunehmen, wenn der Mensch das Gefühl hat oder, wie es häufig vorkommt, in direkter, hörbarer Art beauftragt wird, etwas zu tun, wenn es auch seinen sonstigen Gewohnheiten nicht entspricht.
Jeder fremde Auftrag ist ein unerlaubter Eingriff in die Freiheit des Willens und daher abzulehnen und zu unterlassen.
Die Argumentation, man habe sich ja freiwillig dem Auftrag unterworfen, ist nicht stichhaltig, weil Unterwerfung stets Leugnung des eigenen freien Willens bedeutet.
Immer wieder werden über mein Medium Fragen an mich gerichtet, die Schwäche und Hilflosigkeit oder Angst vor eigener Entscheidung erkennen lassen.
Niemals kann ein Mensch ermessen, warum ihm eine schwere Entscheidung zukommt, ob eine getroffene Entscheidung, die noch sosehr den Anschein der Richtigkeit für sich hat, auch auf längere Sicht sich als das erweist. Da hilft nur die richtige, mutige Einstellung zu den Problemen, die ängstliche Fragen vermeiden läßt.
Ich wollte damit bekräftigen, daß geistige Helfer, zu denen ich mich auch zählen darf, ebensowenig berechtigt sind, Befehle zu erteilen, ein Tun bestimmter Art zu fordern oder eine Unterlassung.

Ein Mensch, der nur darauf wartet, geführt und gelenkt zu werden, nur das zu tun, was ihm von sogenannter "höherer Warte" befohlen wird, geht einen falschen Weg, erreicht niemals Bewährung seines eigenen Willens und hemmt seinen Fortschritt. Abgesehen davon aber läuft er Gefahr, sich außerhalb der im Irdischen geltenden Gesellschaftsordnung zu stellen und den natürlichen Kontakt zu seinen Mitmenschen zu verlieren. Die Folgen solcher Abhängigkeit sind unabsehbar und in gemäßigter Ausdrucksform für den Menschen nicht weniger schädlich als in den krassesten Fehlhaltungen.
So wie das Kind dem Einfluß der Eltern entwächst oder doch den Wunsch hat, auf eigenen Füßen zu stehen und sein Schicksal in die eigenen Hände zu nehmen, so darf auch der Erwachsene nicht nach Hilfen suchen, die ihn geistig unfrei und unselbständig machen, nur aus dem Bestreben heraus, so bequem wie möglich durchs Leben zu gehen.
Ob ihr nun der Auffassung seid, daß ihr ja wieder auf diese irdische Welt kommen werdet, oder daß eure Existenz im Jenseits weiter verbleibt, nachholen müßt ihr dort und hier, was ihr versäumt und unrechterweise unterlassen habt.
Es ist ein leerer Wahn, zu glauben, daß man dieses irdische Leben verneinen, seine Gedanken und Sinne nur auf das spätere Leben im Jenseits richten soll.
Wenngleich die beiden Welten ineinanderfließen, so ist doch eine strenge Grenze gezogen durch die Materie.
Sich vorbereiten auf das spätere Leben heißt nicht, das Irdische verachten, ihm tunlichst zu entsagen, es womöglich wegzuwerfen in der Meinung, etwas Besseres sich dafür einzutauschen.
Es heißt vielmehr, das irdische Leben meistern, es anfassen mit Mut und gutem Willen und geduldig warten, bis der Aufstieg in ein höheres Leben erreicht ist.

Nicht dadurch wird dies erreicht, daß man Abgeschiedene zu sich herabzieht, sie festhält in der irdischen Welt und sich von ihnen führen und beherrschen läßt.
Ich sprach in diesem Zusammenhang schon davon, daß im Jenseits jeder die Möglichkeit hat, sich für jeden auszugeben, für den er gerne gehalten werden möchte und daß dadurch Irreführungen aller Art herbeigeführt werden können. Obwohl ich nur mit meinem Medium Grete arbeite, ist es immer wieder vorgekommen, daß Menschen behaupten, ich hätte gesagt, sie sollten dies oder jenes tun oder lassen usw. In einer geistigen Seance gab sich ein Geistwesen durch ein Trance-Medium für mich aus und stellte Behauptungen auf, die keineswegs meiner Auffassung entsprechen, die aber von den Teilnehmern doch urteilslos als von mir gesagt aufgenommen wurden.
Wenn ich im Zusammenhang mit meiner Tätigkeit helfen will, dann tue ich es so wie viele andere gute Helfer, ohne mich bemerkbar zu machen und ohne im geringsten zu belasten. Daß eine solche Hilfe manchem bewußt wird, weil er darum gebeten und sich in positiver Weise zu mir eingestellt hat, darf als richtig angenommen werden. Soviel für heute.

6. KAPITEL

Identifizierung geistiger Kräfte. Sinn und Zweck geistiger Verbindungen. Verwirrung und Leiden als Folge mangelnden Wissens

Wir haben bereits gehört, daß Geistwesen sich in verschiedener Weise und als wer immer melden können. Als Wissenschaftler sich auszugeben wird wohl mit Erfolg nur dem gelingen, der sich im irdischen Dasein ein Wissen erworben hat, das ihn zu einem solchen hat werden lassen und der sich als über dem Durchschnittsniveau stehend erweisen kann.
Das zu prüfen, ist jedem lebenden Wissenschaftler und auf dem speziellen Gebiet Eingeweihten möglich. Unzureichend Gebildete werden natürlich trotzdem von einem überheblichen Geistwesen fasziniert sein und kritiklos den größten Unsinn als bare Münze nehmen.
Oft war es schon möglich, die Identität eines sich meldenden Geistwesens mit einem Gelehrten vergangener Epochen nachzuweisen. Dies zu erreichen, ist aber nur sehr versierten Forschern der Geistes-Wissenschaft möglich und setzt eine reine positive Einstellung zu den Phänomenen voraus, damit nicht grobe Irreführung das Ziel verfehlen läßt.
Denn nur reifen und höher entwickelten Menschen, ganz abgesehen von wissenschaftlicher Bildung, sind Helfer in dieser Richtung zu Diensten, deren Bestreben es ist, der Menschheit Wahrheit zu vermitteln und ihr im Kampf ums Dasein beizustehen.
Ich möchte damit einen Hinweis geben, wie wichtig es wäre, die Untersuchung solcher Fragen nur der Wissenschaft vorzubehalten, so wie etwa in anderen Sparten die Allgemeinheit von Forschung und Entwicklung weitgehend ausgeschaltet ist.

Es geht nicht an, daß jeder, der nur den Wunsch hat, sensationelle Ereignisse zu konstruieren, um sich bemerkbar zu machen oder materiellen Nutzen daraus zu ziehen, das Recht hat, mit seinen oft sehr schädlichen und irreführenden Feststellungen und Behauptungen öffentlich zu referieren und den Menschen den Kopf zu verdrehen und sie auf falsche Fährten zu lenken. Oft wohl in völliger Unkenntnis der wahren Zusammenhänge, vielfach aber in bewußter Absicht und Überheblichkeit falschen Geltungstriebes.

Wir haben schon früher festgehalten, daß geistige Verbindungen überhaupt nur dann sinnvoll und erlaubt sind, wenn sie dem geistigen Fortschritt dienen und durch Vermittlung guter Kräfte und höheren Wissens der Menschheit im materiellen Sinn die Bewältigung des irdischen Daseins ermöglichen.

Diese Hilfen – das wissen wir bereits – sind auch wirksam, ohne daß man bewußte und nachweisbare Kontakte pflegt und sucht.

Das muß immer wieder betont werden, damit endlich der große Irrtum aus der Welt geschafft wird, der darin besteht, daß man annimmt, nur der habe göttliche Gnade und Erleuchtung, der mit einem geistigen Helfer in bewußter Verbindung steht.

Wieviel Not und Verzweiflung ist dadurch schon heraufbeschworen worden und wie fassungslos steht der Mensch dann vor dem völlig entgegengesetzten Resultat seiner doch so ehrlich gemeinten Bestrebungen.

Vor allem auf religiösem Gebiet zeigen sich erschrekkende Merkmale überhandnehmender Irrtümer, die darin bestehen, daß alles, was sich unter religiösem Vorzeichen aus dem Jenseits meldet, als unbestritten gut und wahr angenommen wird.

Solange es sich um sinnvolle Belehrungen und trostreiche Mitteilungen handelt, ist gewiß nichts einzuwen-

den. Sobald aber Aufträge erteilt und dem Menschen Zwang auferlegt wird, etwas zu tun, was seinem täglichen Lebensrhythmus fremd und ungewohnt ist, da ist es notwendig, mit aller Vorsicht zu überlegen und sich vor Augen zu halten, daß jedem - und sei es ein noch so hohes Geistwesen - ein Eingriff in die Willensfreiheit des Menschen unerlaubt ist, ja daß ein hoher Geist niemals einen solchen Fehler begehen würde.
Wir wollen in diesem Zusammenhang einen Fall betrachten, der auf uns zukam, nachdem das Unglück schon geschehen war, und der als Beispiel dafür gelten kann, welche Verwirrung durch mangelndes Wissen vom Verkehr mit der Geisterwelt angerichtet werden kann.
Mein Medium berichtet selbst:
"Eine Frau, die - wie sie sagte - noch keine Ahnung von geistigen Dingen hatte und gläubige Katholikin war, begann eines Tages zum Zeitvertreib Berichte in Zeitschriften zu lesen, die sich mit "Geistgeschehen" befaßten. Durch diese und einschlägige andere Lektüre entstand in ihr der Wunsch, einen Führer aus dem Jenseits zu bekommen. Sie schrieb mir: ‚Der Wunsch wurde so stark, daß ich nichts anderes mehr denken konnte. Gleichzeitig mit diesem Wunsch hatte ich wunderbare Träume. Manchmal aber lag ich ganz steif im Bett, meine Beine waren wie erstarrt, in meinen Ohren war ein mächtiges Rauschen. Einmal drang das Bewußtsein in mich, deine Seele hat sich gelöst, du kannst fliegen. Dann begann es zu krachen in der Wohnung, im Flur. Ich begann, mich zu fürchten, ich glaubte, ich würde geisteskrank. In meiner Verzweiflung betete ich: bitte Herr, laß mir meinen Verstand. Da war plötzlich das Wort ˜Täuschung˜ in mir. Ja natürlich, ich täuschte mich ja nur.' Sie hatte die Warnung nicht verstanden und befaßte sich weiter mit solcher Lektüre. Wirre Träume, Stimmenhören waren die Folge. Sie

schrieb:,...Mehr und mehr kristallisierte sich die Stimme Jesu und der Mutter Gottes heraus. So befahl die Mutter Gottes, ich sollte in dem Ort, wo ich wohne, einen Wallfahrtsort errichten. Inmitten einer ungläubigen Industriegemeinde wollte sie einen kleinen Wallfahrtsort.' Sie tat, was ihr befohlen war..., Und als ich meine Kapelle (sie fügte auch ein Photo bei) ihrer Bestimmung übergab, gab es einen furchtbaren Aufruhr im Dorf, und alle schrien, ich hätte den Verstand verloren und gehörte ins Irrenhaus. Sie warfen mir Steine aus Fenster und beschimpften mich aufs gröblichste...aber ich war von meiner Stimme so überzeugt, ich hätte mich dafür kreuzigen lassen. Ja, und dann kam das bittere Ende. Mein Wallfahrtsort wurde nur drei Tage alt; dann kam die Polizei und führte mich mit Gewalt weg. Ich habe mich natürlich gewehrt, aber was wollen Sie machen, wenn Sie von zwei Männern gepackt und ins Auto gedrückt werden, dann ins Irrenhaus gebracht, an Händen und Füßen ans Bett gefesselt und eingeschläfert werden wie ein Hund. Als ich dann nach neun Wochen entlassen wurde, war die Stimme weg. Nichts ist geblieben als das große ˜Was war es?˜ War es die Stimme Gottes oder war es Irrsinn? Ich konnte nicht mehr beten, ich haderte nur noch mit Gott: Warum hast Du mich so betrogen? So ging der große Hader mit Gott weiter. Dann fand ich Bücher über Mystik und ich sagte mir: Wenn du die Wahrheit über die Stimmen finden willst, dann mußt du den mystischen Weg gehen. Nun mache ich die mystischen Übungen, ich bete wieder, und alles, was ich früher erlebt habe, spielt sich in der gleichen Form wieder ab. Ich habe alle Erlebnisse gehabt, auch ein anderes großes mit der Mutter Gottes, aber die Stimme schweigt...Aber es ist so schlimm, wenn man so große geistige Erlebnisse hat und überhaupt keinen Beweis für die Echtheit...Es kam alles so plötzlich, es hat mich einfach überrumpelt. Ich habe nicht gewußt, daß der Geist eine so große Macht ist. Es ist ganz merkwürdig; jetzt, weil die Stimme schweigt, wird sie wieder lebendig...Ein Glaubenslicht hat wieder zu brennen angefangen. Mir ist, als würde diese Stimme, obwohl sie schweigt, weitersprechen.' Und es sprachen wieder zahlreiche Stimmen in ihr, bis sie eines Tages überzeugt war, die Stimme Jesu zu hören. Da Ostern vor der Tür stand, befahl ihr die Stimme, Kerzen zu kaufen zur Erleuchtung des Berges der Erkenntnis. Die Menschen, die die Kerzen dorthin bringen sollten, würden ganz von selbst kommen. Und sie erstand für DM 2.300,-- Kerzen."

Aus dem eben geschilderter Fall mag man ersehen, daß es Dinge gibt, die der Mensch nicht so ohne weiteres durchschauen und beurteilen kann. Freilich wird jeder Außenstehende, der den Bericht liest, der Meinung sein, die Frau müsse geistig nicht normal und ihrer fünf Sinne nicht ganz mächtig gewesen sein, sonst hätte sie doch selbst erkennen müssen, daß es ein Unding ist, sich solchen Aufträgen zu fügen.

Diese Frau war, wie wohl ihr Schreiben an meine Grete zeigt, gebildet in Wort und Schrift, also auch ihrer Gedanken mächtig. Man muß aber bedenken, daß sie unter einem Zwang stand, so daß zumindest zeitweise ihr eigenes Wesen verdrängt war und ein anderes von ihrem Gehirn Besitz ergriffen hatte, so daß sie zu einem willenlosen Werkzeug wurde.

Wohl niemand wird annehmen, daß dies gottgewollt war, da ja ein hohes Wesen auch die Folgen seines Tuns erkennt und solche Schuld niemals auf sich nehmen würde.

In einem solchen Fall ist es auch die Aufgabe der Umgebung, mit Verständnis und besserem Wissen mit besten Kräften einzugreifen und Handlungen zu verbieten und zu verhindern, die dem gesunden Menschenverstand widersprechen. Oft gewiß ein harter Kampf, der großen Einsatz an Energie und Liebe fordert, der aber schließlich auf Verständnis stoßen wird, wenn der Betroffene dadurch wieder frei wird und seine eigene Überzeugung zum Durchbruch kommen kann.

Mit großer Dankbarkeit hat noch jeder seine Befreiung zur Kenntnis genommen, die durch richtige Aufklärung und nicht nur vorübergehend durch medikamentöse Betäubung erfolgte.

Unweigerlich fällt jeder zurück, der in der Auffassung belassen wird, daß er – wenn auch nur möglicherweise – mit einem hohen Geistwesen in Verbindung stand.

Bei dem geringsten Versuch eines solchen minderen Wesens öffnet sich dann der Mensch wieder und ist glücklich, in den vermeintlich doch so wünschenswerten Zustand zurückgebracht worden zu sein. Ihr dürft auch nicht annehmen, daß ohne euer Zutun, nur durch Bitten an gute jenseitige Kräfte in jedem Fall Befreiung herbeigeführt werden kann. Sie wäre sinnlos, würden nicht alle zu Gebote stehenden Kräfte der Umgebung mitarbeiten und – was ebenso wichtig ist – auch nach einer erreichten Befreiung durch ständige Beobachtung, Fürsorge und richtigen Zuspruch die Einstellung des Betroffenen festigen, ihn in seinem Selbstvertrauen stärken und ihn zum Widerstand gegen alle Befassung auf geistigem oder spiritistischem Gebiet veranlassen.

7. KAPITEL

Selbstbefreiung von geistiger Störung; religiöser Wahn; Auswirkung auf die Umgebung

Wir müssen in diesem Zusammenhang auch überlegen und erfahren, in welcher Weise ein von fremden Wesen – oft sind es mehr als eines – Belasteter seine Befreiung erreichen kann.

Oft überfallen auch einen unbelasteten und in seinem Denken freien Menschen schwere oder negative Gedanken, und er hat es auch nicht immer in seiner Gewalt, Abstand dazu zu finden.

Auch da ist es ein innerer Kampf, den er bewußt oder unbewußt führt oder führen sollte, solche Einflüsse auf seine Seele wegzujagen, mit der Überzeugung, daß sie sein klares Urteil hemmen und behindern. Nicht immer wird sich der Mensch, der von negativen Gedanken geplagt wird, im klaren sein, ob sie in ihm selbst entstanden oder ob fremde Einflüsse wirksam waren.

Die wenigsten sind überhaupt imstande, einen Unterschied in dieser Richtung festzustellen; meist ist es die Umgebung, die nur ein abwegiges Verhalten, eine unerklärliche Depression usw. feststellt, damit aber ebensowenig anzufangen weiß wie der Betroffene selbst. Das gute Einvernehmen erscheint gestört, jeder fühlt sich ungerecht behandelt oder verurteilt, und doch wäre bei guter, verständiger Einstellung Friede und Befreiung so einfach erreicht.

Ich muß wohl zugeben, daß es nicht immer für die Umgebung oder für die um die Befreiung bemühten Personen so ganz einfach ist. Immer wieder zeigen sich Fälle – und das besonders bei religiösem Wahn –, wo solche Störungen auch auf die Umgebung übergreifen oder doch Einfluß gewinnen.

Oft sogar nicht nur auf einzelne Beteiligte, sondern auf ganze Gruppen, ja Massen von Menschen. Wir sprechen im letzten Fall von Massenpsychose, die, wenn sie negativ ausgerichtet ist, größte Verwirrung und Unheil zur Folge haben kann.
Gegen eine solche anzukämpfen, ist der besten menschlichen Gemeinschaft kaum möglich, und es bedarf entgegengesetzter geistiger Strömungen aus jenseitigen Sphären, wenn Befreiung erreicht werden soll.
Besonders auf religiösem Gebiet sind die Schwierigkeiten in dieser Hinsicht besonders groß. Ein Priester, der bemüht ist, einen Menschen von geistiger Störung zu befreien, kann in Zwiespalt geraten, wenn eine seinen Schützling beherrschende Kraft einen – wenn auch unmerklichen – Einfluß auf seine Gedanken und Vorstellungen gewinnt.
Ich habe in einem solchen Fall meine Hilfe angeboten, konfessionelle Vorurteile erlaubten mir aber nicht, einzugreifen. Die mit sehr viel Liebe und Güte um eine gestörte Frau bemühte Persönlichkeit war nicht in der Lage, die Mitteilungen, die in diesem Zusammenhang aus der jenseitigen Sphäre übermittelt wurden, richtig zu beurteilen. Meine Hilfe wäre nicht angebracht, hieß es, denn es handle sich um einen eindeutig religiösen Fall. "Alle Durchsagen positiver und negativer Art, die sich bei der Frau ergeben,sprechen immer wieder davon, daß sie bis zur Höllenschau vordringen müsse und daß erst dort eine Begegnung mit Christus erfolgen wird, der sie als seine Braut bezeichnet und heimführen will zu seinem Vater..." Den störenden Kräften war es offensichtlich gelungen, den guten Priester, der in einem langen Leben in reinster Nächstenliebe und Hilfsbereitschaft viele Menschen von geistigen Störungen befreien konnte, irrezuführen durch schmeichlerische Worte und Vortäuschung guter geistiger Verbindungen, so daß es

den häßlichen Wesen möglich war, ihre Störungen ins Unermeßliche zu steigern.
Die schwere religiöse Wahnvorstellung hat es dem guten Priester unmöglich gemacht, die Hilfen heranzuziehen, die eine Befreiung hätten bewirken können. In ihm war die Überzeugung unumstößlich geworden, daß diese Frau ihren Leidensweg gehen müsse, ja daß es geradezu eine Auszeichnung und besondere Gnade für sie sei.
Es zeigen sich heute immer häufiger solche Fälle von religiösem Wahn.
Ihm zu begegnen ist vor allem dadurch möglich, daß das Wissen von den geistigen Zusammenhängen, vom Wert und Unwert geistiger Kommunikationen verbreitet wird, daß die Warnung vor aktiver Betätigung und die Überschätzung der Nützlichkeit solcher Betätigung vor Augen geführt wird.
Daß solche Wahnvorstellungen und Erlebnisse, wie wir sie zuletzt beschrieben haben, oftmals ein böses Ende nehmen können ist allgemein bekannt. Wenn dann von irdischer Gerichtsbarkeit ein menschliches Versagen als Urteilsbegründung angenommen wird, dann handelt es sich bestimmt um ein Fehlurteil, wenn das dazu berufene Forum mit den Zusammenhängen zwischen geistigen und materiellen Kräften nicht vertraut ist.
Ein - ich möchte sagen - Musterbeispiel für eine Selbstbefreiung in gutem Sinne wollen wir folgen lassen, das manchem ein Hinweis in seiner eigenen Belastung sein kann.
Grete berichtet selbst: Eine Frau hatte sich mit Lektüre über Mystik usw. befaßt und war seit ungefähr zehn Jahren geistig gestört. Sie hörte Stimmen, anfangs gutartig, dann aber aufdringlich, bösartig und irreführend. Nachdem sie die "Medialen Schriften" gelesen hatte, erkannte sie ihren Zustand richtig und bat mich um Hilfe. Sie hatte den dringenden Wunsch, sich davon

zu befreien, fand aber nicht den richtigen Weg dazu. Bei unserem ersten Gespräch erklärte sie mir, sie habe einen Telepathen. Auf meine Frage, was das sei, erklärte sie, es sei der Kaplan ihrer Gemeinde. Er spreche in ihr, er beschimpfe, quäle und verfolge sie. Sie habe ihn schon zusammengeschrien, er solle sie doch in Ruhe lassen, aber er habe ihr nur den Rat gegeben, zu einem Psychiater zu gehen. Sie war schon seit einigen Jahren in Behandlung, doch konnte der Arzt - wie er mir selbst erklärte - sie nur ein wenig mit Medikamenten beruhigen.

Ich erklärte ihr, daß sie sich in einem großen Irrtum befände, denn der Herr Kaplan, der ja noch lebte, hätte es nicht nötig, aus seinem Körper heraus- und in ihren hineinzukriechen. Es könne sich nur um ein Geistwesen handeln, das dem Herrn Kaplan eins auswischen will und sie dazu benützt.

Das leuchtete ihr ein, aber sie argumentierte "Was soll ich denn tun? Ich bin doch geisteskrank und eben so medial."

Ich erwiderte: Sie sind keineswegs geisteskrank, sondern nur gestört. - Ihr Gehirn arbeitet völlig normal, und Medialität ist keine Auszeichnung, als das sie es empfinden, sondern entweder eine große Aufgabe - wie ich es für mich empfinde - oder aber die Basis für schwere und schwerste Belastungen.

Wenn Sie wirklich den Wunsch und Willen haben, sich zu befreien, dann müssen Sie auf Ihre Medialität verzichten. Sie dürfen, sobald Sie die Belastung wieder auf sich zukommen fühlen, überhaupt nicht hinhören, sondern sofort denken oder auch laut sagen: "Ich will nicht hören, ich will nichts wissen, laßt mich allein und geht mit Nowotny." Auf keinen Fall dürfen Sie abwarten, was kommt, um eine Antwort zu geben.

In dieser Einstellung bestärkte ich sie noch in einem zweiten Gespräch, und sie bestätigte mir, daß sie es schon ein paarmal mit Erfolg angewandt habe.
Unser drittes Treffen begann mit den Worten: "Sie können sich nicht vorstellen, wie wunderbar es ist, befreit zu sein". Sie erschien mir wie ein anderer Mensch, ausgeglichen und ruhig. Sie blieb aber trotzdem in psychiatrischer Betreuung und in Verbindung mit mir. Abgesehen von geringfügigen Störungen, die wir in gemeinsamem Bemühen rasch wieder beheben konnten, ist sie nun seit nahezu fünf Jahren ein fröhlicher, gesunder und sehr glücklicher Mensch.
Nowotny fährt selbst fort: Daraus darf wohl nicht geschlossen werden, daß es in jedem Fall so leicht und rasch möglich sein muß, Befreiung zu erreichen. Es spielt da eine Reihe von Komponenten eine Rolle.
Einmal muß der Mensch selbst, zumindest in störungsfreien Zeiten, den festen Wunsch haben, sich zu befreien. Seine Umgebung ist verpflichtet, sich mit dem Problem richtig auseinanderzusetzen, den rechten Abstand zu dem Verhalten des Gestörten zu finden und muß wenigstens bemüht sein, selbst mitzuhelfen in der Abwehr. Dies um so mehr dann, wenn die Störung eine so schwere oder bösartige ist, daß der Betroffene im Zeitpunkt der Belastung nicht zurechnungsfähig ist.
So hoffnungslos ein solcher Fall auch aussehen mag, bei rechter Überzeugung von den guten Hilfen aus dem Jenseits und mutvollem Eingreifen in die Ereignisse kann auch in schwersten Fällen Befreiung erreicht werden.

8. KAPITEL

Beispiel für Befreiung von schwerer geistiger Belastung

Ein gutes Beispiel für Befreiung von schwerer geistiger Belastung wollen wir heute vortragen. Grete berichtet wieder selbst:

Im Juni 1971 schrieb mir der Vater eines Mädchens folgenden Brief:

"Am 27.4.1950 wurde uns eine Tochter namens Christel geboren, die mit einem die ganze linke Kopfhälfte bedeckenden Feuermal versehen ist. Im Säuglingsalter in Kliniken gemachte Radium–Behandlungen waren wirkungslos, dazu kam mit einem halben Jahr noch eine Gehirnhautentzündung. Später, mit 2–4 Jahren, stellte sich heraus, daß auch Gehirnschäden vorhanden waren. Jahrelanger Aufenthalt in Kliniken und Heimen führte zu keinerlei Erfolg. Seit der beginnenden Pubertät stellten sich immer stärker werdende Durchblutungs- oder epil.–ähnliche Anfälle ein, die das Mädchen vorher kommen sieht. Sie ist dann immer fürchterlich angsterfüllt, erzählt von Männern, die sie in ein großes Haus zerren wollen und schreit: ‚Ich will doch noch nicht sterben!' Dann ist der Anfall mit Zuckungen, Kieferkrämpfen usw. da, wir können das sich windende und um sich schlagende Kind kaum halten; wenn der Anfall abklingt, ist sie noch zirka eine halbe Stunde abwesend. Anschließend ist sie besonders zärtlich, streichelt uns und bittet uns um Verzeihung, sie könne doch nichts dafür. Leider führt jeder längere Anfall zu einer weiteren Verschlechterung des Gehirns. Das linke Auge ist wegen des hohen Innendruckes erblindet. Wir Eltern sind natürlich nach jedem Anfall genauso fertig wie das Kind.

Im ‚Normalzustand' ist das Mädchen von einer direkt erschreckenden Folgsamkeit und Pflichtbewußtsein und leidet furchtbar an ihrem Zustand, den sie voll erkennt, und möchte nur schaffen, schaffen, aber was? Alle bisherigen Versuche scheitern schließlich an ihren Anfällen. Hinzu kommt noch ein weiterer ‚Besessenheits-Zustand'. Bei Gewitter oder vor der Menstruation gerät sie in einen Reiz-Zustand, bekommt ein ganz anderes Gesicht, furchtbare Augen und beschimpft uns mit den übelsten Schimpfwörtern, wünscht uns Unfall und Tod und geht auch verschiedentlich auf uns los. Ist der stundenlange Anfall zu Ende, weiß sie von nichts.
Wenn wir keine Hilfe bekommen, geht unsere Familie zu Bruch. Die beiden gesunden Schwestern, die natürlich zu kurz kamen, sind deswegen außer Haus gegangen, ich habe schon einmal meine Stellung wegen Christel verloren und bekomme keine Wohnung..."
Ich hatte wenig Hoffnung, helfen zu können, aber Nowotny schrieb mir dazu:"Ich bin schon dort und helfe, so gut ich kann. Du wirst sehr bald Nachricht erhalten, daß die Anfälle schwächer und seltener geworden sind. Wir werden auch noch an Ort und Stelle wirken." Ich gab nur den ersten Satz weiter und erhielt am 26.9.1971 die Mitteilung:"...Anfälle traten bei Beginn der Menstruation wie üblich auf, doch war eine Veränderung zu spüren. Wir glauben, erkennen zu können, daß Christel im allgemeinen ruhiger geworden ist. Wir haben ihr erzählt, daß sie beschützt wird und daß es besser mit ihr wird."
Am 18. 10. 1971 schrieb der Vater des Mädchens: "Christel geht es ganz ordentlich, keine größeren Anfälle mehr." Es erschien mir selbst wie ein Wunder, und so beschloß ich, die Stadt in meine nächste Reise einzubeziehen, um den Fall an Ort und Stelle kennenzulernen.

Im Laufe der Gespräche schaltete sich auch unser guter Geist ein und gab den Eltern Anweisung, wie sie sich zu verhalten haben. Er schrieb:"...Das gute Kind hat eine reine Seele, und es darf angenommen werden, daß nach Wegfall der Störungen ein Wesen zum Durchbruch kommt, das zu den augenblicklich sich zeigenden Eigenschaften in großem Unterschied steht.
Die Störungen in den organischen Bereichen sind von einer Art, die in mancher Hinsicht eine Besserung erlaubt. Allerdings nicht mit den Mitteln, die den irdischen Ärzten zur Verfügung stehen. Darum bin ich hier, und es kann eine gemeinsame Anstrengung – natürlich nur in geistiger Beziehung – eine Besserung herbeiführen.
Alle Kräfte dieses Hauses sind in guter Art auf mich eingestellt, das erleichtert mein Eingreifen.
Setzt Euch jeden Abend mit stillen Gemütern zusammen und denkt an nichts anderes als an meine Hilfe. Ich habe die göttliche Erlaubnis, in solchen Fällen einzugreifen, wo unerlaubte Machtergreifung Schaden angerichtet hat. Unerlaubt ist es auf alle Fälle, wenn ein Mensch seine Aufgaben zu erfüllen gehindert wird.
Ein gestörtes Gehirn ist keine geeignete Grundlage, um den Erfordernissen des Lebens gerecht zu werden. Ein Mensch, der in dieser Weise behindert wird, muß für ein späteres Leben die vorgenommenen Aufgaben zurückstellen. Es ist für ihn nur vom Standpunkt des irdischen Betrachters aus ein Unglück. Von hier aus gesehen eine kleine, unbedeutende Verzögerung.
Mag Euch auch das Leben lang dünken, es ist nur eine Episode. Mein Bestreben ist es aber, auch für diese kurze Zeit den Menschen die Kraft zu vermitteln, möglichst viele von ihren Aufgaben zu lösen und ihre Sphäre rein und ungestört zu erhalten.

Die Menschen ahnen nicht, unter wieviel fremdem Einfluß sie stehen und wieviel gute Kräfte sie sich zunutze machen können. Ein Versuch, der von Erfolg begleitet ist, wird Euch die Bestätigung des Gesagten bringen.
Ihr macht mir die Arbeit leicht, denn Ihr steht auf einem festen Boden im Glauben an die göttliche Allmacht und seine hehrsten Vertreter. Wenn aber diesem Glauben nicht das Gewicht der Wahrheit und Zweifelsfreiheit beigegeben wird, kann daraus nur wenig Nutzen und Hilfe gezogen werden.
Ihr müßt mit unerschütterlichem Vertrauen den Ereignissen entgegensehen und dürft den Mut und die Zuversicht nicht verlieren. Euer gutes Kind habe ich in meine Arme genommen und werde ihm helfen, soweit es in Anbetracht der organischen Mängel möglich ist. Erlaubt ist mir alles, denn es ist ein guter Geist, der in ihm wohnt. Mit Frohsinn und bester Hoffnung sollt Ihr nun die Tage verbringen, es wird nicht nur draußen die Sonne scheinen, sondern auch in Euren Herzen..."
Im Juli 1972 hieß es "...Christel geht es längere Perioden gut, dann aber kommen immer wieder schwere Anfälle dazwischen... "Bei meinem Besuch im Oktober 1972 schrieb Nowotny: "...Ihr gutes Töchterlein ist in weitem Maß gebessert, trotzdem aber noch nicht in dem Maß, wie es erreicht werden kann. Organische Veränderungen sind nur in ganz geringem Umfang zu verzeichnen und niemals die wahre Ursache für Anfälle. Eine Schwächung ist aber vorhanden, die den Angriffen von außen den geeigneten Widerstand unmöglich macht. Es muß aber nicht mehr in der bisherigen Intensität zu solchen Ausnahme-Zuständen kommen. Sie selbst werden aus unserer Arbeit ersehen, wie Sie die seelische Kraft und die geistige Stärke in dem Kind festigen können, so daß es in Kürze erfassen wird, wie es gegen die unerlaubten Angriffe Selbstwehr üben kann. Da wir schon einen Teil,

und zwar einen wesentlichen behoben haben, bedarf es nur noch geringer Mühe, um der restlichen Aggression den Garaus zu machen.
Sie werden erkennen, daß ein bleibender Erfolg nicht durch Sie und nicht durch meine Hilfe allein bewirkt werden kann. Das gute Mädchen ist in der geistigen Verfassung, die Zusammenhänge richtig zu verstehen und sich voll Vertrauen und mit festem eigenem Willen der Hilfe zu bedienen, die ich gerne gebe.
Es wäre nicht empfehlenswert, mit einem Schlag die Wirkung zu unterbinden. Es gibt im Leben Dinge, die man vorsichtig beseitigen und verneinen muß, um nicht größeren Schaden dadurch anzurichten, daß durch eine forcierte Ruhestellung die Betätigung der Organe, in diesem Falle des Gehirns und Nervensystems, in eine verringerte Ausdrucksform gebracht würde. So wie es schädlich ist, in eine heiße Schüssel eisig kaltes Wasser zu gießen, so muß auch in diesem Fall eine Reduzierung in längeren Zeitabständen vorgenommen werden. Wenn auch dadurch vielleicht eine stärkere Anfälligkeit folgen wird, so ist dies nicht von der Hand zu weisen.
Man kann eine Ursache nicht bekämpfen, wenn man sie nur zur Seite schiebt. Haben Sie den Mut und lernen Sie genau die Regeln, die zu der gewünschten Lösung führen müssen. Ich will alle meine guten Strahlen dazu senden. Sie werden aber verstehen, daß ich es nicht gegen einen inneren Widerstand tun kann und daß der Erfolg vom Willen des Betroffenen in erster Linie abhängt..."
Im Oktober 1973 schrieb Nowotny unter anderem: "...Du, mein gutes Mädchen, wirst eine befriedigende Tätigkeit erhalten, so daß der Himmel voller Geigen hängen wird. Deine Seele ist durch Deine körperlichen Mängel mehr bedrückt worden, als es in irgendeiner Weise sonst hätte geschehen können. Dein reines, gutes

Herz und Deine Nächstenliebe sind beispielgebend für gute Menschen, aber auch gefährdet, wenn sie nicht an die rechte Adresse kommen." Weiters im Mai 1974:
"...Ich sehe wohl die Dinge anders, als es die Menschen auf der materiellen Welt imstande sind.
Deine Aufgaben, mein liebes Kind, sind von Dir selbst gewählt und es ist für Dich ein besonderer Vorzug, daß Du bestrebt und ohne Murren bereit bist, sie zu meistern. Dein Weg führt in lichte Höhen, Dein Blick für die Verhältnisse um Dich ist klar und ungetrübt. Das erkennen die irdischen Mitmenschen wohl nur sehr selten, aber wir beide sind in vollstem Einverständnis. Es kommt nicht immer darauf an, ob man seine Gedanken und Gefühle anderen vermitteln kann. Dein Geistwesen ist so gesund wie jedes andere, das ist das Wichtigste. Die Menschen würden staunen, wenn sie sehen könnten, wie Du Dir das reine Urteil über sie bildest. Du bist stets in der Lage, zu fühlen, mit wem Du übereinstimmst und wen Du ablehnen sollst. Das Leben auf dieser Erde ist kurz, und es wird die Befreiung um so erfreulicher empfunden werden, da dann jeder Unterschied schwindet und Du in gleicher Höhe und in reinem Glanz neben den anderen stehen wirst. Ich werde einmal dabei sein und mich an Deiner Seligkeit erfreuen. Aber bis dahin wirst Du noch manches leisten und auch an Deinem Dasein Freude finden..."
Im Dezember 1975 teilte mir die Mutter des Mädchens mit: "Christel geht es gut, sie hat seit Monaten keine Anfälle mehr." Und dabei blieb es bis zum heutigen Tag.
Die so viele Jahre erduldeten Qualen waren beendet und, wenngleich das Mädchen infolge der jahrelangen Behandlung mit Beruhigungsmitteln zu geregelter geistiger Tätigkeit nicht mehr fähig ist, so vermag es doch seine Leistungsfähigkeit noch unter Beweis zu stellen. Es

knüpft in Heimarbeit nach Vorlagen Teppiche, und das in erstaunlich kurzer Zeit und fehlerlos.
Nowotny schreibt weiter: Was aber daraus noch abgeleitet werden kann, ist die Tatsache, daß Besessenheit nicht nur durch ein Fehlverhalten des Betroffenen hervorgerufen werden muß, sondern daß es auch andere Ursachen dafür geben kann.
Das Mädchen hat eine bedeutende Schädigung bei der Geburt erfahren und ist mit einem äußerst verunstalteten Gesicht und Blindheit auf einem Auge behaftet. Bei solchen armen Wesen finden böse und negative Kräfte leichter Eingang als bei normalen, gesunden Individuen. Ganz selten tritt auch das Gegenteil ein, daß nämlich körperlich behinderte Menschen von guten Geistern ergriffen werden; meist nur dann, wenn sie sich trotz ihrer Behinderung nur dem guten Geistigen öffnen. Solche Menschen sind dann zur Verwunderung der Umwelt glücklicher als gesunde und körperlich normal gestaltete. Bei unserem Mädchen haben die Störenfriede wohl noch ab und zu versucht, wieder einzudringen, aber mit vereinten Kräften konnte es verhindert werden.
Ich hatte versprochen, zu helfen, so gut ich kann. Man darf nicht glauben, daß das so einfach für uns im Jenseits ist, ich habe in anderem Zusammenhang schon davon gesprochen. Ohne die tatkräftige Mithilfe der Eltern wäre mein Bemühen kaum so erfolgreich gewesen und die Befreiung in einer verhältnismäßig so kurzen Zeit herbeigeführt worden.
Man kann nicht einfach nur auf jenseitige Hilfe vertrauen und seine Mühe abladen wollen in der Meinung, man sei eben selbst zu schwach. Ein solches Eingreifen von unserer Seite setzt auch eine reine und ergebene Einstellung der Umgebung voraus, da sonst sie selbst dazu beitragen kann, den negativen Kräften Einlaß zu gewähren.

9. KAPITEL
Einfluß des Milieus; Verbundenheit mit verstorbenen Verwandten

Wir sind nun bei einem wichtigen Kapitel angelangt, beim Einfluß des Milieus. Unter Milieu verstehe ich nicht nur die lebenden Anverwandten und die einen Menschen ständig und regelmäßig beeinflussende Umgebung, sondern auch die noch am irdischen Kreis hängenden und verbunden bleiben wollenden Abgeschiedenen.

So viel Ungemach und seelische Belastung könnte vermieden werden, wenn die Auffassung von der Trennung durch den irdischen Tod nicht so verzerrt und unrichtig wäre.

Ich schrieb schon einmal davon, daß man einen aus dem irdischen Dasein gegangenen, geliebten Menschen nicht durch Jammern und Klagen und durch Sich-selbst-Beweinen an die materielle Welt fesseln, ihn mit aller Gewalt zurückzurufen versuchen soll. Es ist niemals zum Glück der Hinterbliebenen und niemals von Vorteil für den Abgeschiedenen. Einer belastet den anderen, keiner kann dem anderen helfen. Aber seine Seele wird belastet, sein Nervensystem wird krank, und oftmals tritt geistige Störung ein, wenn der Jenseitige glaubt, vom Irdischen Besitz ergreifen zu müssen.

Die Ursachen dafür sind vielfältig, wir wollen einige Beispiele folgen lassen.

Grete berichtet: Ein junger Mann hatte die "Medialen Schriften" gelesen und bat mich um ein Gespräch. Ich konnte zuerst aus seinen Worten nicht erkennen, was ihn bewog, um Rat und Hilfe zu kommen und bat im stillen unseren guten Geist, sich der Sache anzunehmen. Wir mußten nicht lange warten, bis Nowotny schrieb: "Junger Mann, es ist nun an der Zeit, daß Sie auf eigenen Füßen stehen. Es ist eben so, daß Abgeschiedene oft noch den Wunsch haben, ihre Gewohnheiten im Irdischen fortzusetzen und sich dazu an diejenigen hängen, die ihnen im irdischen Leben am nächsten standen. Damit muß es ein Ende haben. Ihr Wille muß frei sein, dann werden Sie imstande sein, ihre vorgenommenen Aufgaben richtig zu meistern..."

Der junge Mann empfand es aber geradezu als eine Zumutung, sich von seinem verstorbenen Vater trennen zu müssen.Schon während ich noch schrieb, sprang er auf und rief: "Ich kann doch meinen Vater nicht wegjagen, ich lebe doch ganz in meinem Vater, ich habe ihn doch so sehr geliebt."

Langsam sah er ein und verstand, wie die Trennung zu verstehen war und war entschlossen, seine Einstellung zu ändern und sein Leben und sein tägliches Tun in eigene Hände zu nehmen.

Er hatte gefühlt, daß er von einer fremden Kraft beherrscht war, die ihn auch dazu verführte, mehr zu trinken und zu rauchen, als ihm zuträglich war. Allerdings hatte er dafür eine innere Unruhe und Verzweiflung als Ursache angenommen.

Mit dem festen Entschluß, seine Lebensweise zu ändern und sichtlich froh und gelöst, ging er weg. Nach einer Woche kam er wieder, um mir zu danken. Er war von einer schweren Last befreit, die mit seinem eigenen Wesen im Widerspruch stand. Und er erklärte mir: "Sie müssen wissen, ich war seit längerer Zeit schwer depressiv. Ich hatte mir so viel für mein Leben vorgenommen, aber ich fühlte mich unfähig, etwas zu tun. Oft ging ich mit meinen Kameraden aus und kam schwer betrunken weit nach Mitternacht nach Hause. Jetzt gehe ich auch mit ihnen aus, aber ich trinke ein

Achtel, und dann gehe ich rechtzeitig zur Ruhe. Jetzt weiß ich, daß ich alles erreichen werde, was ich mir vorgenommen habe."

Nowotny fährt selbst fort: Dieser junge Mann hat mit seiner Änderung von heute auf morgen den Beweis geliefert, daß er es nicht selbst war, daß er nicht aus eigenem freien Willen ein ungesundes Leben geführt hat; denn einen Menschen zu ändern, der seinem Wesen nach labil und leicht beeinflußbar einen schlechten Lebenswandel führt, ist sehr schwer und bedarf meist einer langen Zeit der Umerziehung und Fürsorge, wenn überhaupt von einem bleibenden Erfolg die Rede sein kann.

In diesem Fall hat auch der Vater einsehen müssen, daß es ein Unrecht ist, seinen Sohn, der ihn über alles geliebt hat, in so gröblicher Weise zu belasten. Er hat es eingesehen und wird seine Wege nicht mehr kreuzen.

Die Gründe für ein solches Verhalten eines Abgeschiedenen sind für euch nicht zu erkennen. Von meiner Warte zeigt sich folgendes Bild.

Die Inkarnation eines Geistwesens erfolgt meist unter Berücksichtigung der Strahlung, die dem Neuankömmling geboten wird. Es muß nicht immer Übereinstimmung von vollem Umfang gegeben sein, aber doch eine gewisse Ähnlichkeit, ich möchte sagen, Assimilität.

Der Abgeschiedene erkennt nun wohl, daß durch den irdischen Tod Verwandtschaft im irdischen Sinn nicht mehr besteht, hat aber durch die gleiche Strahlung noch ein Gefühl der Gebundenheit. Dies um so mehr, wenn er vorzeitig, etwa durch Selbstmord, aus dem Leben gegangen war und unter allen Umständen nun zurück will ins irdische Dasein.

Die Folgen solcher "Anhänglichkeit" sind in jedem Fall andere, wenn man auch von ähnlichen Symptomen sprechen kann.

Allen gleich ist die störende Belastung, die mehr oder weniger auffallende Veränderung in den Lebensgewohnheiten. Depressionen sind in allen Arten und in jeder Intensität damit verbunden, je nachdem, wie stark der fremde Einfluß, wie negativ seine Kräfte und wie widerstandslos oder schwach der Betroffene ist. In solchen Fällen nützt es nicht, dem Patienten noch so wirksame Medikamente gegen Trübsinn und Schwermut zu verabreichen; das störende Geistwesen läßt sich davon gewiß nicht beeindrucken.
Freilich kann ein gutes Wesen dadurch auch zur Einsicht kommen, daß es an dem Zustand schuld ist und seinen eigenen Weg gehen muß. Dann darf man die Befreiung ruhig den Medikamenten zuschreiben. Ein Allheilmittel sind sie jedoch keineswegs.
Die gefährlichsten Störungen werden wohl von Selbstmördern verursacht, die ihre Opfer in einer Weise an sich fesseln in ihrer eigenen Verzweiflung und Hilflosigkeit, daß diese alle Widerstandskraft verlieren und als willenloses Werkzeug sich hinüberziehen lassen und ebenfalls durch Selbstmord enden.
Man sollte also bei Auftreten einer unerklärlichen Verändcrung im Wesen eines Menschen, besonders dann, wenn er zu schwerer Depression neigt und Anlaß zu ständiger Bewachung gibt, untersuchen, ob etwa kurz vor Auftreten der Störung im Kreise der Verwandten, Freunde oder sonstigen näheren Umgebung jemand plötzlich aus dem Leben geschieden ist. Die Anhaltspunkte werden leicht zu finden sein und durch Umstimmen beider Seiten Befreiung und Ruhe erreicht werden.
Meine Grete wurde vor fünf Jahren von einem verzweifelten Vater und dessen "kranker" Tochter aufgesucht. Das Mädchen, 20 Jahre alt, war nach Bericht des Vaters vollkommen normal und gesund aufgewachsen,

hatte die höhere Schule mit bestem Erfolg absolviert und litt nun ohne jede ergründliche Ursache an schweren Depressionen, mußte wegen eines Selbstmord-Versuches in klinische Behandlung gebracht werden, von der es nur zeitweise in häusliche Betreuung entlassen werden konnte.

Auf die Frage, ob es in der Familie einen Selbstmord gegeben habe, erklärte der Mann, daß ein Bruder seiner Frau kurz vor dem Auftreten der Depressionen Selbstmord begangen habe.

Das Mädchen, das sich an dem Gespräch nicht beteiligte, da es nur wenig Deutsch sprach, hatte die Frage wohl verstanden.

Grete erklärte dem Mann, daß er mit dem Abgeschiedenen sprechen, ihm klarlegen müsse, daß er nicht mehr hierher gehöre und mit mir gehen solle.

Das Mädchen war von diesem Augenblick an von jeder Belastung frei, nahm keinerlei Medikamente mehr und ist wieder der fröhliche, unbeschwerte Mensch, der es zuvor gewesen ist. Eine "Spontanheilung", für die die Psychiatrie sicher keine Erklärung bereit hat.

10. KAPITEL
Spontanheilung

Spontanheilung ist eine beliebte Bezeichnung, wenn nach schulmedizinischen Regeln und Normen eine Heilung ausgeschlossen schien. Nicht nur in psychiatrischen Fällen, bei denen es sich um Befreiung von geistigen Störungen handelt, sondern auch bei organischen Leiden werden immer wieder solche unerklärliche Erfolge festgestellt.

Geistige Kräfte sind in vielerlei Richtung am Werk.Sie können durch Sendung guter Strahlen Veränderungen herbeiführen, die mit physikalischen Strahlen nicht erreicht werden können, oder wo man den wahren Ursachen nicht auf die Spur kommen kann.

Es hat immer Menschen gegeben, die solche heilende Kräfte vermitteln konnten, und es ist im Interesse der Menschheit, daß das Wissen darum vertieft und erweitert wird.

Ich sprach schon an anderer Stelle von den sogenannten Geistheilern, die durch ihre tiefgläubige Einstellung und ihre ungetrübte Naturverbundenheit Leistungen vollbringen können, für die die Erklärung im wissenschaftlichen Sinn nicht gefunden werden kann.

Es bedarf dazu keiner wissenschaftlichen Bildung, im Gegenteil darf nur mit Unbefangenheit und Unkenntnis darangegangen werden, da die dazu erforderliche Passivität rein erhalten bleiben muß. Nur dann kann ein geistiger Helfer sich eines solchen Mediums bedienen, wenn ihm nicht der geringste Widerstand entgegengesetzt wird.

Um diese Passivität zu gewinnen und zu erhalten, werden psychische und geistige Übungen regelmäßig unternommen, wodurch auch die Verbindung zu dem

jedem Medium adäquaten Helfer aus dem Jenseits hergestellt wird.
Aber nicht nur diese für Euch so fremden Methoden führen zu unerwarteten Heilungen. In allen Teilen der Welt sind Kräfte am Werk, die bemüht sind, Zerstörendes abzuwehren, in Auflösung Befindliches zu erneuern und Leid und Schmerz zu beheben.
Entweder geschieht es über gute irdische Helfer, die die aus dem jenseitigen Bereich empfangenen Kräfte weiterleiten, oder es findet ein irdisches Wesen selbst die erforderliche gute Einstellung zu diesen Kräften, so daß es sie selbst aufnehmen kann ohne einen Mittler. Zur Hilfe gegen geistige Störungen bedarf es nicht einer Übereinstimmung in der Strahlung, wohl aber in den Fällen, in denen Mangelerscheinungen im Organismus ersetzt oder behoben werden sollen.
Das ist vielfach der Grund, weshalb Geistheilung nicht in jedem Fall möglich ist.
Daß aber der Mensch selbst sein Bemühen darauf richten soll, die ihm konvenierende Strahlenkraft anzuziehen, und daß ein solches Bemühen seinen Lohn finden kann, dafür wollen wir ein Beispiel bringen:
Im Jahr 1967 kam eine Frau zu uns und berichtete:
"Ich bin sechs Wochen in der Klinik gelegen mit Leukämie; man hat mich heimgeschickt, man kann mir nicht weiter helfen. Ich vertrage keine Injektionen, die teuren Medikamente kann ich mir nicht leisten. Ich bin am Ende meiner Kräfte, unfähig, das Geringste zu tun. Kann mir Dozent Nowotny helfen?"
Meine Antwort lautete: Was die Ärzte sagen, ist alles Unsinn, lassen Sie alle Medikamente weg. Öffnen Sie sich den guten Kräften aus dem All. Haben Sie Vertrauen zu mir; nur wenn Sie vollstes Vertrauen haben, kann ich Ihnen helfen, sonst kann ich nicht in Sie hinein. Setzen Sie sich jeden Abend in eine stille Ecke und

denken Sie nur an mich. Sie können in kurzer Zeit vollkommen gesund sein. Die Frau tat, wie ich sagte. Nach zehn Tagen war sie zur Kontrolle in der Klinik, und die Ärzte mußten eine wesentliche Besserung feststellen. Nach weiteren drei Wochen standen sie vor einem Rätsel, es sei ein Wunder geschehen - sagten sie -, die Frau war vollkommen gesund.

Inzwischen sind elf Jahre vergangen, sie erfreut sich noch immer bester Gesundheit.

Sie hatte - wie sie dann berichtete - täglich getan, wie ich geraten hatte, hat die Hände zum Himmel gestreckt und flehentlich um Hilfe gebeten. Und wie ein Strom waren die Strahlen durch der Körper gegangen.

Auch in diesem Fall sprach man von Spontanheilung, hat aber nur eine Lebensdauer von höchstens drei oder vier Jahren in Aussicht gestellt.

Freilich sind solche Heilungen nicht an der Tagesordnung und nicht in schulmedizinische Therapie einzuordnen. Es wäre aber schon ein guter Schritt weiter, wollte man solchen Methoden wenigstens in der Weise entgegenkommen, daß man guten Heilern, also Menschen, die mit guten geistigen Helfern zusammenarbeiten, auf Wunsch eines Patienten den Zutritt in die Klinik gestattet.

Zusammenarbeit erniedrigt nicht und vermindert nicht das Ansehen des Arztes, es erleichtert nur und fördert im Verkehr mit dem Patienten.

Nicht nur auf den Philippinen und im Fernen Osten sind solche Kräfte heimisch. Es gibt im westlichen Bereich viele gute Heiler und Helfer, die ihr Wissen und ihre Kräfte durch eine gute Einstellung zum geistigen Bereich gewonnen haben.

11. KAPITEL
Verursachung und Verschulden geistiger Störungen

Ich möchte heute damit beginnen, die geistigen Störungen in die wichtigsten Kategorien einzuteilen, und zwar nach der Verursachung und dem Verschulden, wenn man es so nennen will.

Wir können demnach zwei Gruppen unterscheiden: solche, die ohne Zutun des irdischen Menschen über ihn kommen und solche, die er selbst durch unrichtiges oder schuldhaftes Verhalten ermöglicht oder sogar selbst wünscht.

In der geistigen Sphäre befinden sich Wesen jeglicher Entwicklungsstufe, wobei ich Stufe nicht als näher oder weiter entfernt von der materiellen Welt verstanden wissen will.

Es ist eine unrichtige Interpretation des Jenseits, wenn man annimmt, daß reifere oder sehr hochentwickelte Wesen eine Verbindung zur irdischen Welt ablehnen und sich - wie man sagt - in höheren Sphären aufhalten. Gerade sie sind es, die erkennen, wie sehr die im Irrtum verfangene Menschheit ihre Hilfe benötigt und die bestrebt sind, einzugreifen, wo immer es ihnen erlaubt und geboten wird. Sie sind nur in den seltensten Fällen gewillt, Besitz zu ergreifen und sich medialer, im Gleichklang mit ihrer eigenen Strahlung befindlicher Erdenbürger zu bedienen, um ihre Warnungen, ihr Wissen und ihre Hilfe zu vermitteln.

Es bedarf dazu einer besonderen Erlaubnis, womit ich Gesetzmäßigkeit meine, die im Geistigen herrscht und die jeder genauso versteht und erkennt, wie der Mensch im Irdischen weiß, was erlaubt ist und was nicht.

Eine Verbindung zu solchen Wesen kommt nicht ohne Zutun des Mediums zustande, sie muß von diesem

gewollt sein aus eigenem freien Willen und nicht unter Zwang.
Diese Verbindungen sind selten und nur dann von Wert, wenn sie – wie gesagt – erlaubt und dem Dienst an der leidenden Menschheit geweiht sind. Sie sind es nicht, von denen ich sprechen will, denn Menschen, die sich solchen Aufgaben hingeben, bedürfen keiner Hilfe, solange sie das rechte Maß finden und imstande sind, ihre Willensfreiheit zu wahren.
Ich wollte damit aber andeuten, daß nicht nur minder entwickelte Wesen sich noch an der Entwicklung und dem Fortschritt der in der materiellen Welt Lebenden beteiligen und helfen wollen.
Die Einflüsse können aus jeglicher geistigen Sphäre kommen, daher ist es nicht richtig, jeden störenden Einfluß als etwas Böses und Abwegiges anzunehmen.
Die Auswirkung ist je nach der Beschaffenheit der sich verbindenden Wesen sehr verschieden, es gibt wohl kaum zwei Fälle, die man als vollkommen übereinstimmend bezeichnen könnte.
Es wird eine Reihe von Abhandlungen erfordern, wenn wir nur die grundlegendsten Regeln für die Beurteilung von geistigen Störungen finden wollen.
Wenn also kein Grund zu der Annahme vorliegt, daß der Mensch in irgendeiner Weise die Belastung selbst herbeigeführt hat, so darf angenommen werden, daß der störende Einfluß von außen – möchte ich sagen – auf ihn gekommen ist.
Aus der Art und Weise des störenden Einflusses, aus der Reaktion des Betroffenen und seinem Gehaben, seinen Worten können oft eindeutige Schlüsse gezogen werden.
Wir wissen, daß der Mensch im materiellen Bereich mannigfachen Einflüssen im Laufe seiner Entwicklung und seines ganzen Lebens ausgesetzt ist oder im guten Sinn ihrer teilhaftig wird.

Wie schwer ist es oft, sich solchen Einflüssen zu entziehen im schlechten Sinn und sie als wertvoll zu akzeptieren im guten Sinn, obwohl uns alles vor Augen liegt und wir nach eigenem freien Willen entscheiden sollen, in welche Richtung wir uns wenden wollen.
Wie ein Kind als unumstößlich richtig annimmt, was ihm das Vorbild der Eltern vermittelt, so läßt sich der Mensch von Eingebungen leiten, wenn er der irrigen Auffassung verfallen ist, daß das, was vom geistigen Bereich gegeben wird, nur gut sein kann.
Wie ein Kind sich im Laufe der Zeit vom Einfluß der Eltern löst und seinen eigenen freien Willen zu nutzen lernt, so muß jeder Mensch auch in bezug auf geistige Einflüsse seinen freien Willen ins Feld führen.
Ich habe dies vorweggenommen, obwohl es eher zu dem Kapitel "Befreiung" gehören würde. Ich will aber damit bemerken, daß es nicht immer als krankhaft erscheinende Wesensveränderung gelten muß und solche Störungen auch ohne Zutun eines Dritten beseitigt werden können. Es ist das Alltägliche, daß der Mensch sich mit allerlei Problemen konfrontiert sieht, die ihm oft kaum erklärbar entgegentreten und seinen normalen Werdegang behindern. Es ist dann nicht immer sein eigenes Denken und Tun schuld daran, aber er kann eine Abwehr dagegen suchen und wird sie stets finden, wenn er mit Selbstvertrauen und klarer Überlegungskraft ans Werk geht.
Mehr, als ihr denkt, sind fremde geistige Kräfte die Ursache für Zweifel und Mutlosigkeit, für Versagen und Mangel an Selbstvertrauen. Darum soll man nicht gleich fertig sein mit seinem Urteil über die Unvollkommenheit seiner Umgebung, und niemals soll von vornherein der Mensch für jede seiner Handlungsweisen selbst verantwortlich gemacht werden.
Ihr könnt nicht sehen, wie tief die Einflüsse der geistigen Welt reichen und müßt euch stets bewußt sein, daß

auch ihr nur einen kleinen Schritt nach oben zu tun imstande seid in einem noch so langen irdischen Leben. Die Störungen aber, von denen ich sprechen will, sind solche, daß sie im irdischen Sinn Abnormität und Krankheit erzeugen. Das ist dann vor allem der Fall, wenn der Mensch in seinem eigenen Denken behindert, fehlgeleitet oder sogar vollkommen ausgeschaltet wird. Es ist zum Beispiel wohl bekannt, daß Verbundenheit mit Verstorbenen noch mehr oder weniger lang und in verschiedenster Weise möglich ist.

Geistwesen, die den irdischen Bereich verlassen haben, ohne über den weiteren Gang der Entwicklung informiert worden zu sein, suchen nach Halt und Hilfe und klammern sich an ihre Hinterbliebenen. Je nach der Intensität der Angstgefühle und Hilferufe erzeugen sie Trauer und unablässigen Kummer, bis sie erkennen, wo ihr Weg geht, und von ihren Opfern lassen.

Darum ist die Auffassung, daß die Zeit allein die Wunden heile, berechtigt, solange die Menschheit in Unwissenheit das geistige Leben minder bewertet.

Schlimmer ist es für den irdischen Menschen, wenn ein Abgeschiedener die wahren Zusammenhänge nicht erfaßt und glaubt, um jeden Preis seinen geliebten Wesen im Irdischen helfen zu müssen. Wie zahlreich diese Fälle sind, davon könnt ihr euch keine Vorstellung machen, und es ist deshalb höchste Zeit, die Aufklärung in diesen Belangen zu betreiben und nicht dem Irrglauben das Wort zu reden, die Trennung durch den Tod bedeute die absolute Lösung der Verbundenheit.

Nur das Wissen um diese Zusammenhänge kann zu einer vernünftigen Auffassung und Bewältigung ungerechtfertigter Trauer führen. Es ist das Recht jedes Individuums, einen Verlust zu beweinen, aber es müssen und können Grenzen gefunden werden, die dem weiteren Verlauf des Lebens keinen Abbruch tun.

Solange nur übermäßige Trauer den Hinterbliebenen quält, ist es noch kein Unheil. Wenn aber der Konnex soweit geht, daß der irdische Mensch der Überzeugung ist oder zu der Überzeugung gebracht wird, daß er ohne den Abgeschiedenen nicht leben könne und an Selbstmord denkt oder ihn ausführt, dann darf mit Sicherheit angenommen werden, daß es nicht der eigene freie Wille war, der dazu verleitete, sondern die –ich möchte sagen– magische Kraft des Jenseitigen, der seinen Einfluß geltend machen konnte. Dies natürlich besonders leicht, weil der Hinterbliebene ihm mit seinen Gedanken entgegenkam und Tür und Tor öffnete.
In den seltensten Fällen ist sich der Selbstmörder dieses Einflusses bewußt und wird, sofern der Versuch mißlang, alle möglichen Ursachen ins Feld führen, nur nicht den wahren Grund erkennen.
Wird das belastende Wesen aber nach diesem Fehlschlag nicht zur Vernunft gebracht oder erkennt es nicht selbst sein Fehlverhalten, so können sich die Versuche immer wieder wiederholen und so die Diagnose der schweren Depression oder Schizophrenie als gerechtfertigt erscheinen lassen.

12. KAPITEL
Mögliche verheerende Folgen der Unwissenheit von den geistigen Zusammenhängen. Selbstmord, seine Ursache und Folgen

Wir sprachen zuletzt davon, daß verstorbene Seelen sich in Unwissenheit noch an ihre Hinterbliebenen klammern, sie belasten und behindern, ihre Willensfreiheit einengen. Man muß dabei berücksichtigen, daß diese Wesen nicht mehr durch die Materie behindert sind und ihre Einwirkung nach materiellen Grundsätzen und Normen nicht erklärt werden kann.

Es ist eben die Wechselwirkung zwischen den Geistwesen, die nicht erfaßbar und physikalisch feststellbar ist. Daß als Folge davon jedoch der materielle Körper in Mitleidenschaft gezogen wird, ist wiederum ein Beweis mehr dafür, daß das Geistwesen es ist, das die Funktionen der Organe lenkt und beherrscht.

Wir haben in unserer gemeinsamen Arbeit und Hilfeleistung einen sehr prägnanten Fall zu verzeichnen gehabt, der einige Kriterien beobachten ließ, an die man kaum denkt, wenn man damit konfrontiert wird.

Eine Frau hatte einen Selbstmordversuch unternommen, der glücklicherweise mißlang. Sie wurde in eine Anstalt überstellt, weil man sich über den Grund der Tat keine Vorstellung machen konnte. Die Frau lebte in geordneten Familienverhältnissen mit einem gutmütigen Mann und zwei braven Kindern.

Auf die Frage meiner Grete, was sie glaube, daß die Ursache für dieses Versagen gewesen sei, gab sie zur Antwort, es sei ihr klargeworden, daß sie alles in ihrem Leben falsch gemacht habe; sie habe ihre Kinder zu streng erzogen und hätte auch nicht die richtige Einstellung zu ihrem Gatten gefunden. Außerdem habe sie

monatelang ihren kranken Vater gepflegt, der dann gestorben sei und der ihr nun sehr fehle. Sie müsse nun dauernd nach dem Vater weinen und fände keine Ruhe mehr.
Grete erkannte sogleich, daß die Ursache nicht in einem Fehlverhalten in der Familie lag, sondern daß der gute Vater sich an die Tochter geklammert hatte, der ihr Mißverständnis erkannte und sie davon befreien wollte. Wie im irdischen Leben zu große Fürsorge oft das Gegenteil von dem bewirkt, was man erreichen will, so war auch in diesem Fall die übergroße Sorge und das Mitleid des Vaters die Ursache für das beinahe verderbliche Verhalten der Tochter.
Er nahm sein Kind so sehr in seine Arme, daß dieses nicht mehr seiner eigenen Sinne mächtig war und bereitwillig seinem Ruf folgte.
Dabei muß bedacht werden, daß das keineswegs ein feindseliger Akt war, sondern übergroße, reine Liebe die Triebfeder der Handlungsweise gewesen ist.
Nach einem kurzen Gespräch, verbunden mit meiner Assistenz, löste sich der Verstorbene von seiner Tochter und ließ sich bereitwillig von mir den richtigen Weg weisen.
Die gute Frau empfand diese Lösung geradezu körperlich und rief ein ums andere Mal: "Jetzt haben Sie eine Last von mir genommen, ein Felsblock ist von mir gefallen, und jetzt muß ich nicht mehr nach meinem Vater weinen, ganz bestimmt nie mehr."
Auch sie hatte die Erklärung von den Zusammenhängen mit vollem Verständnis aufgenommen und sich zu eigen gemacht. Sie steht nun wieder mit beiden Beinen auf dieser Erde und erfüllt ihre Pflichten wie eh und je, nur weitaus gereifter und ruhiger als vor diesem einschneidenden Erlebnis.

In diesem Fall zeigte sich eindeutig, wie eng sich liebende Wesen verbunden sein können, so stark, daß das in der Materie Eingeengte sich nicht mehr frei bewegen kann - möchte ich sagen -. Die Umklammerung war erdrückend und konnte trotz aller Liebe und Hilfsbereitschaft nur Tränen auslösen. Ein Musterbeispiel für die verheerenden Folgen der Unwissenheit hier und dort.
Eines mag daraus noch erhellen: Der Betroffene findet für sein Fehlverhalten, wenn es auch noch so sehr unverschuldet war, stets Erklärungen, Ausreden und schuldhafte Ursachen.
Es ist deshalb jedoch nicht in jedem Fall so, daß reinste Unschuld angenommen werden darf. Eine depressive Haltung, ein mangelndes Selbstvertrauen und Unzufriedenheit mit sich und der ganzen Welt öffnet fremden Kräften Tür und Tor, und oft sind es dann ebenso fürsorgliche Wesen, die glauben, dem armen Menschenkind dadurch helfen zu können, daß sie es zu sich hinüberziehen.
Zum Glück mit nicht immer durchschlagendem Erfolg, weil auch da wieder umgekehrt vernünftige Helfer zur Stelle sind, die in der Umgebung Aufmerksamkeit erregen und damit das Schlimmste verhüten.
Wenngleich das Leben in unseren Sphären ein freieres und glücklicheres ist als auf der materiellen Welt, so darf doch kein Mensch glauben, daß er dieser Freiheit teilhaftig wird, wenn er seinen vorgenommenen Lebensweg widerrechtlich verkürzt. Er stürzt sich nur in ein tieferes Elend als das im Irdischen vermeintliche.
So müssen wir unterscheiden zwischen einem aus reinem Irrtum begangenen und einem aus wahrer Unfähigkeit im irdischen Dasein heraufbeschworenen Selbstmord.
In jedem Fall ist aber die einzige Aufgabe des Psychiaters, das Selbstvertrauen wieder herzustellen oder zu stärken ohne Vorwurf und Verurteilung.

Hat der Arzt einmal herausgefunden, welche Kräfte die verursachenden gewesen sind, so darf er auch ohne Scheu unsere Hilfe in Anspruch nehmen, so wie es mein Medium in jedem Fall tut.
Eine Unzahl von in Anstalten internierten und gequälten armen Menschen könnte für wirklich geisteskranke Platz machen und dem normalen Leben zurückgegeben werden, die heute noch infolge der Unkenntnis dieser doch so einfachen Methoden aus dem Leben gerissen sind und bleiben, ohne jemals hoffen zu dürfen, wieder ein vollwertiges Mitglied der menschlichen Gesellschaft werden zu können.
Sehr eindeutig lag der Fall zwischen Vater und Tochter, aber nicht immer ist es so leicht, die rechte Einstellung auf beiden Seiten so in Sekundenschnelle zu erreichen. Ein Selbstmörder, der in elenden wirtschaftlichen Verhältnissen lebte und nun geheilt und befreit in dieses Milieu zurückkehren muß, wird gewiß nicht allein von der befreienden Einsicht vollkommen genesen sein. Er droht wieder zurückzufallen, sich den zerstörenden Kräften wieder zu öffnen, wenn nicht Fürsorge und psychische Betreuung weiterhin geübt werden.
Bei unserer oben geschilderten Frau wird dies nicht mehr nötig sein, das durchlebte Elend war ihr ein bleibender Lehrmeister. Man glaube aber nicht, daß in anderen Fällen, bei denen ein Rückfall auftrat, deshalb der Schluß zulässig wäre, es sei eben doch eine Geisteskrankheit, bei der man mit regelmäßigem "Schub" rechnen müsse und für den es eben keine vollkommene Heilung gäbe.
Nein - gerade bei diesen armen Wesen soll genau in der gleichen Weise immer wieder Abwehr gesucht und erreicht werden, bis es die Störenfriede einerseits und der Patient anderseits voll erfaßt haben, daß das Leben im Irdischen in Freiheit erfüllt werden muß.

Was ich bisher gesagt habe, könnte den Eindruck erwecken, daß der Arzt vielleicht nur ein schönes Sprüchlein anwenden müßte, um unsere Hilfe zu erreichen. So einfach ist das natürlich nicht.
Es erfordert ein Einfühlungsvermögen, eine eingehende Befassung mit der Psyche des Patienten.
Vor allem darf nicht alles, was der Patient verrät oder behauptet, als richtig angenommen werden. Manche Aussage wird schon von vornherein als nicht von ihm stammend erkannt werden, sodaß auf die Mentalität des Störenden geschlossen werden muß.
Erst wenn die Bereitwilligkeit des Patienten, sich zu öffnen und mit dem Arzt oder Psychologen die Belastung zu bekämpfen, angenommen werden kann, dann ist der Kampf gegen die störenden Einflüsse erfolgversprechend.
Es ist nämlich zu bedenken, daß durch die Auffassung der Schulmedizin von der Spaltung des Bewußtseins der Patient, der von einem über seinem Niveau stehenden Wesen behindert wird, gar nicht einsieht, weshalb er ein solches "Zweites Ich" abweisen oder bekämpfen soll.
Hierher zählen alle Erscheinungen von sogenannten Auserwählten, Berufenen - ohne zu wissen, zu welchen Leistungen - und von religiösem Wahn Befallenen.
Über alle diese besonderen und sehr häufigen Störungen werde ich noch eingehend konferieren.

13. KAPITEL

Ungeeignete Grundlagen für geistige Verbindungen. Fremder Einfluß in Form von "Stimmenhören" und Fehllenkung der Gedanken. Bericht einer Patientin

Ich will fortfahren in der Aufzählung der Erscheinungen, die von den Ärzten noch immer fälschlich als Geisteskrankheit bezeichnet werden. Vor allem möchte ich diejenigen erwähnen, die dadurch verursacht werden, daß Menschen, mit ihrem Dasein unzufrieden, nach einem Ausweg suchen, nach einer Betätigung, die ihrem Drang nach Selbstbestätigung Rechnung trägt oder den Wunsch, in Hilfsbereitschaft zu dienen, zu erfüllen scheint.

Es mag in manchen Fällen der wirklich ehrliche Drang verursachend sein, getragen von Bescheidenheit und Selbstlosigkeit mit einer gesunden Überzeugung. Solchen Menschen kann es gelingen. Sie können mit ihrer ehrlichen, guten Einstellung einem ebensolchen Geistwesen begegnen und zum Segen der Menschheit wirken dürfen.

Dazu bedarf es aber nicht einer bewußten Verbindung mit einem solchen und etwa einer Abhängigkeit von diesem, so daß der Mensch Hinweise und Befehle erhält und Aufträge auszuführen hat, gelenkt und geleitet ohne eigene Initiative.

Hilfsbereiten Menschen fallen die Aufgaben zu, sie dürfen nur zugreifen; sie werden die nötigen Hilfen aus geistiger Sphäre erhalten, soweit ihre eigenen Kräfte nicht ausreichen.

Anders aber Menschen, die nur ihrem Geltungsdrang Genüge tun oder den Anschein erwecken wollen, zu Höherem auserwählt zu sein, weil sie sich für unfähig erkennen oder nur dafür halten, einen nüchternen Beruf zu erfüllen, so wie es das irdische Leben zur Erhaltung der Existenz eben erfordert.

Man darf mit Sicherheit annehmen, daß in den meisten Fällen Minderwertigkeitsgefühle dazu verleiten, die man sich nicht eingestehen will oder sofern man sich dieser bewußt ist, sie durch den Zug ins Gegenteil, in vorgespielte Überheblichkeit zu bemänteln. Es muß dazu wohl gesagt werden, daß es im geistigen Bereich ebensolche Wesen gibt, die den Ausweg aus ihrem Dilemma suchen und den richtigen Weg noch nicht gefunden haben. Sie verbünden sich bereitwillig mit gleichgesinnten im Irdischen und ergreifen von ihnen Besitz oder machen ihren Einfluß geltend, wie es ihnen möglich und geboten scheint.

Besitzergreifung muß nicht immer Verdrängung des eigenen Wesens bedeuten. Bei bereitwilligem Entgegenkommen und Übereinstimmung in den Bestrebungen genügt ein mehr oder weniger starker Einfluß auf die Gedankenwelt des Betroffenen.

Stärkerer Einfluß kann darin bestehen, daß der Mensch in seinem Inneren Stimmen hört, ohne sein Gehör in Anspruch genommen zu wissen. Liegt ein solches Phänomen – wie es die Parapsychologie nennt – vor, so ist der einzig richtige Schluß geistiger Einfluß, um nicht zu sagen Besessenheit.

Je nach der Bereitwilligkeit des Opfers und der mehr oder weniger entgegenkommenden oder geduldigen Kraft von außen sind die Äußerungen von liebevoll bis bösartig in allen Varianten. Übertriebene Lustigkeit kann gepaart sein mit schwerster Manie und Depressionen, die auf diese Weise verursacht sind. Sie können – wie schon im vorhergehenden Abschnitt erwähnt – bis zum Selbstmord führen.

Die Tatsache, daß solche Menschen nicht ununterbrochen solchen Stimmungen unterworfen, sondern zeitwei-

se frei und völlig normal ihrer fünf Sinne mächtig sind, läßt den eindeutigen Schluß zu, daß es sich nur um eine Störung und nicht um Geisteskrankheit handeln kann.
Die Behauptung von Psychiatern, daß schwere Psychopathen oft die außerordentliche Fähigkeit besäßen, Stimmen zu hören, darf mit Fug und Recht als absurd bezeichnet werden. Verbohrt in die Weisheit der Schulmedizin kommt ihnen gar nicht der Gedanke, daß das Stimmenhören die Ursache des Leidens sein könnte.
Diese Art des fremden Einflusses ist zwar die bösere als die einfache Fehllenkung der Gedanken, aber sie tritt offenkundig an den Tag, während unrecht geleitete Gedanken nicht unterscheidbar sind von den eigenen oder doch nur dann, wenn sie der normalen Eigenart des betreffenden Menschen auffallend widersprechen.
Wir wollen hier einen Fall einschalten, der den Beweis dafür erbringt, wie sehr die Psychiatrie irrt, wenn sie geistige Störung der Geisteskrankheit gleichsetzt. Grete berichtet selbst:
Im Jahre 1975 kam eine Frau zu mir, um mir zu sagen, daß sie durch die Lektüre der "Medialen Schriften" von schwerer Besessenheit befreit wurde. Sie war in den Jahren 1964 bis 1975 wiederholt in der Irrenanstalt und hatte sich damit abgefunden, daß sie unheilbar geisteskrank sei. Ende September 1975 wurde sie das letzte Mal aus der Klinik entlassen. Auch in den Zeiten, in denen sie sich in häuslicher Pflege befand, fühlte sie sich krank und weitgehend behindert. Sie war sich ihres Zustandes voll bewußt.
"Als ich den ersten Band der ‚Medialen Schriften' von Nowotny las" - berichtete sie mir –, "fiel es mir wie Schuppen von den Augen. Ich wußte nun, daß ich tatsächlich von bösen Geistern besessen, und nicht wahnsinnig war. Ich wurde ganz ruhig durch die Lektüre

dieses Buches, Ruhe und Wohlbefinden breiteten sich aus.

Später gab sie mir eine Beschreibung der verschiedenen Zustände und Empfindungen, wie sie sich in ihrer Gedankenwelt abzeichneten:

"Eine Stimme sagte mir in meinem Inneren immer wieder, ich sei von bösen Geistern verfolgt. Sie hetzten und jagten mich in unvorstellbarer Pein Tag und Nacht, und wenn ich von Schlaf sprach, sagten sie, bei uns gibt es nicht Tag und Nacht. Es war gelinde gesagt die Hölle auf Erden.

Eine andere Stimme jubelte mich zu höchsten Höhen, indem sie mir vorgaukelte, ich sei eine Auserwählte, die Jungfrau Maria, eine Heilige. Sie stürzten mich von den Höhen in tiefste Abgründe und tiefste Verzweiflung, narrten und foppten mich, sagten, ich sei unwürdig usw. Dazu kam der Zwang, die Hände mit kaltem Wasser zu waschen, um rein zu werden von Sünden und Fehlern. Warmes Wasser - hieß es - sei des Teufels. Ich mußte meinen Kopf unter kaltes Wasser halten und nasse Wäsche anlegen mit dem Gedanken, die bösen Geister abzuwehren. Sie hetzten und jagten mich bis zur völligen Erschöpfung.

Ich wußte, daß sich das alles nur in meinen Gedanken abspielte, aber ich glaubte mich wehrlos dagegen.

Einmal hatte ich das Gefühl, in Wahnsinn verfallen zu sein. Ich spürte etwas das Rückenmark hinunterrieseln. Eine Stimme sagte mir: Schau dich im Spiegel an, du siehst verrückt aus; und tatsächlich sahen meine Augen irre aus.

Ich fuhr ans Meer. Schon im Zug wurde ich wieder gequält. Die Stimme sagte: Eisen mußt du meiden, es schlägt dich in Bann. Und wenn Eisen in der Nähe war, fühlte ich mich wie gelähmt. Die Geräusche des Zuges waren x-fach verstärkt und unvorstellbar laut. Am Meer angelangt, war auch die Brandung ungeheuer verstärkt und furchterregend anzuhören. Dann war es wieder der Höllenhund, der mich hetzte; furchtbar waren meine seelischen Qualen und Ängste.

Und doch wußte ich, daß sich das alles nur in meinen Gedanken abspielt, aber es ist, als ob es tatsächlich geschieht.

Als ich eines Abends am Meer saß, die Sonne unterging und ein gleißendes Band über das Wasser legte, war der fast unbezähmbare Drang in mir, diesem Band bis zum Horizont nachzuschwimmen.

Damals fühlte ich die Nähe meines verstorbenen Vaters und wußte, daß er mich beschützte. Nach Hause zurückgekehrt, wollten mich die bösen Wesen zum Selbstmord treiben. Ich sollte ins Gebirge fahren und mich hinunterstürzen. Mein Lebenswille war aber doch stärker.

Ein andermal war ich gezwungen, knapp vor einem fahrenden Auto die Straße zu überqueren. Ich tat es, aber wie durch ein Wunder stand das Auto noch rechtzeitig.

Zu all dem hörte ich immer wieder Klopfgeräusche, hielt sie aber auch für ein Krankheits-Symptom. Wie erstaunt war ich aber, als nach einer besonders turbulenten Nacht der Nachbar fragte, was das für ein entsetzlicher Lärm heute Nacht gewesen sei.

Bis in die kleinsten Dinge des täglichen Lebens reichen die Schwierigkeiten und Störungen. Nichts will gelingen, vieles schiebt man auf und ist lust- und freudlos, etwas zu tun.

Auch die Mitmenschen werden davon beeinflußt, sodaß leicht im Umgang mit ihnen Hader und Streit ausbricht. Ich aber darf sagen, daß all die angeführten Dinge sonst bei mir niemals der Fall waren und es seit meiner Befreiung auch nicht mehr sind. Ekel vor dem Essen zwingt dazu, es wegzuschütten, da es einen Geschmack wie nach Petroleum hatte. Vielerlei Spuk ereignete sich

fast täglich. Das Licht leuchtete auf, ohne daß ich den hierfür vorgesehenen Schalter berührte. Bevor ich noch mit dem Schlüssel das Schloß berührte, öffnete sich die Tür, ohne daß jemand einen Knopf drückte. Jedesmal geschah es, sobald ich die Hand ausstreckte, um zu öffnen. Das alles gibt es nicht mehr.
Im Sommer 1976 erlebte ich noch einmal eine böse Störung. Ich war in einen Kreis von mehreren psychisch Kranken geraten und spürte sofort, wie etwas Böses mich anfiel. Ohren, Augen, das ganze Gesicht wurde von unguten Strömen überflutet, im Kopf war Benommenheit. Als ich auf dem Heimweg an Autos vorbeikam, gab es immer ein Klicken, so, als ob ein Kieselstein darauf fiele. Da wurde die Erinnerung lebendig: Dies hast Du schon einmal erlebt.
Jetzt aber hat es mich nicht mehr erschreckt, denn ich wußte, daß ich dagegen kämpfen, es abwehren kann. Es dauerte vierundzwanzig Stunden, bis ich mich vollkommen davon befreit hatte. Ich richtete meine Gedanken und Bitten an unseren guten Geist Nowotny, und er hat geholfen.
Ich danke ihm jeden Tag für seine Schriften, die mich so aufgeklärt haben, bin ein fröhlicher, gesunder Mensch geworden und habe keine Angst mehr,daß es jemals anders sein könnte."
Im Sommer 1977 erhielt ich von Nowotny folgendes Schreiben für die gute Frau: "Guten Abend, meine sehr verehrte Freundin! Sie sind mir sehr nahe gekommen, und ich bedanke mich herzlich für Ihre besondere Mühe. Ich habe Ihnen nur deshalb helfen können, weil Sie selbst Ihre ganze Kraft eingesetzt haben, um die störenden Kräfte abzuweisen und sie ein für allemal auszusperren. Ich muß nicht sagen, daß Sie dabei bleiben sollen, denn das Wissen, das ich Ihnen vermitteln durfte, ist tief in Ihrer Seele verankert. Trotzdem muß es immer

wieder geübt und die Einstellung zur Umwelt einer Kontrolle unterzogen werden. Sie müssen bedenken, daß die Brücke, die zu uns führt, nicht nur von erwünschten Besuchern benutzt werden kann, sondern daß gerade dann, wenn guter Einfluß aus dem jenseitigen Bereich Eingang gefunden hat, es auch andere versuchen, denselben Weg zu gehen.
Sie haben die Abwehr gefunden und dürfen meine Worte und meine Hilfe stets in Anspruch nehmen. Immer aber nur zu dem Zweck, nichts Ungebetenes einzulassen. Dazu gehört auch der Abstand zu allen unbekannten Einflüssen, gleichgültig, welchen Namens.
Menschen, denen Böses widerfahren ist, sind leichter geöffnet für fremden Einfluß als solche, die sich über die Zusammenhänge kaum Gedanken machen. Sie müssen ihre Gedanken wohl auf das Geistige richten, weil sie dadurch die Abwehr gegen das Negative finden, nicht aber den Wunsch aufkommen lassen, in einer direkten Verbindung zu uns zu sein.
Grete hat recht, wenn sie vor jeder Befassung warnt, die außerhalb unserer Gemeinschaft liegt. Es gibt so viele ‚Heilige', die es nicht sind und die doch auf so viele Menschen Faszination ausüben.
Also, bitte, bleiben Sie mit beiden Beinen auf dieser Erde und bemühen Sie sich, in der schon gewählten Richtung durch Hilfe für die leidende Umgebung Befriedigung und Freude zu gewinnen. Stets aber nur im Rahmen Ihrer materiellen Möglichkeiten.
Sie müssen sich stets vor Augen halten, daß auch wir nur helfen können, wenn man uns richtig entgegenkommt und die Kräfte richtig einsetzt.
Was Sie aus meinen Schriften gelernt und sich angeeignet haben, übertrifft alles, was ich schon bei den guten Menschen finden konnte. Sie dürfen ohne Bedenken alles weitergeben und zu Ihrer eigenen Ruhe und

Sicherheit einsetzen. Nur sollen Ihre Bestrebungen nicht über ein normales Maß hinausgehen. Sie werden auf diese Art noch vielen armen, leidenden Menschen Freude und Ruhe schenken.
Die Abwehr, die Sie immer noch als notwendig empfinden, sollen Sie nicht vernachlässigen.
Ich bin bei Ihnen und beschütze Sie, und in allen Lagen, da Sie glauben, Hilfe nötig zu haben, dürfen Sie mich rufen.
Wir werden zu gegebener Zeit wieder in dieser Weise vereint sein, und ich begrüße Sie für heute als Ihr guter Freund Nowotny."

14. KAPITEL

Bewußtseins-Spaltung eine unrichtige Bezeichnung für geistige Störung. Der eigene Wille als Voraussetzung für die Befreiung

Oftmals machen Eltern die Beobachtung an ihren Kindern, daß sie ganz unvermittelt ein völlig verändertes Gehaben an den Tag legen und finden dafür keine Erklärung. Sie wissen es aber nicht besser, rechnen jedes Fehlverhalten dem Kind zu und machen es für jede Ungehörigkeit verantwortlich.

Ein Beispiel dazu: Eine Mutter kam über Grete zu mir und erzählte, daß ihr zwölfjähriger Sohn völlig ungereimte Dinge tue, obwohl er in der Schule unauffällig und keineswegs unter dem Durchschnitt sei. Ohne jeden Anlaß käme er auf den Gedanken, ein Loch durch die Mauer zu bohren, was ihm in einer Zeit gelänge, in der es kein gelernter Arbeiter zuwege bringt, oder er finde im Hause Lackfarbe und streiche alle auffindbaren Schuhe damit an. Zur Rede gestellt, erkläre er, es nicht getan zu haben oder doch nicht gewußt zu haben, warum; er habe einfach müssen. Natürlich wurde ihm nicht geglaubt und die "gebührende" Strafe folgte auf dem Fuße.

Ich konnte es der guten Frau klar machen und bot meine Hilfe an. Sie berichtete davon ihrem Sohn, und seine Antwort war: Endlich habe ich einen Freund, der mir hilft.

Der Junge hörte Stimmen und stand unter Zwang, dem er in Unwissenheit über den wahren Sachverhalt nicht Einhalt gebieten konnte.

Soviel vorläufig über das "Stimmenhören". Weit verbreitet ist der Wahn oder die fixe Idee, auserwählt zu sein zu außerordentlichen Leistungen. So kam ein junger

Mann mit uns zusammen, der wegen angeblicher Schizophrenie in einer Anstalt untergebracht war. Er war davon überzeugt, alle Menschen heilen zu können. Er sah sein Unvermögen keineswegs ein, wenngleich er sehen konnte, daß er dazu niemals imstande war. In unbelasteten Momenten war ihm klar, daß sein Verhalten nicht normal war und hielt sich für krank oder besser gesagt geisteskrank. Man hatte ihm sein Leiden als Bewußtseins–Spaltung erklärt, so daß er sich für unheilbar betrachten mußte, war das abnormale Verhalten doch aus seinem eigenen Bewußtsein entsprungen.
Grete erklärt ihm den Irrtum und machte ihm klar, daß er bzw. sein Geistwesen vollkommen gesund sei, daß es keine Spaltung des Bewußtseins gebe, sondern daß es sich nur um eine Störung handle, die er selbst aus eigenem freien Willen beheben und beseitigen könne. Er bekam den ersten Band meiner Schriften zu lesen, fand dadurch das Vertrauen zu meiner Hilfe und war von einem zum anderen Tag befreit. Er hatte erkannt –wie er selbst sagte–, daß er doch mit beiden Beinen auf dieser Erde bleiben müsse.
In einem solchen Fall kann die eigene Vernunft mitwirken und die Abwehr gefunden werden, weil der Wille, etwas zu leisten, doch vorhanden war und logisches Denken zum Ziele führen konnte. Grundlegende Voraussetzung ist aber das Wissen um den fremden Einfluß und die Überzeugung von der eigenen Gesundheit und geistigen Unversehrtheit.
Schwieriger liegt der Fall dann, wenn aus irgendeinem Grund durch die geistige Störung eine Erleichterung im Lebenslauf geglaubt oder gefühlt wird. Vielfach sind sich die Menschen darüber nicht im klaren, oft aber hören sie die säuselnden Stimmen und warten schon darauf, durch sie beruhigt, abgelenkt oder unterhalten zu werden. Das geht so lange gut, als es der Organismus

verkraften kann oder die störenden Wesen nicht Unwesen werden, weil sie erkennen, daß sie trotz aller Liebe und Güte, die sie vermitteln, keinen Widerhall finden und ihre Gelüste doch nicht befriedigen können.

Eine Frau wurde zu uns gebracht, die behauptete, mit zwei verschiedenen Wesen verbunden zu sein. Das eine sei ein heiteres, vergnügtes, mit dem sie sich gerne unterhielt, aber dann käme ein böses, das sie quäle und martere, so daß sie immer wieder zur Befreiung in die Anstalt gebracht werden müsse. Nach medikamentöser Behandlung und Elektro–Schock könne sie dann wieder einige Zeit daheim sein, aber nur bis der Reigen wieder von vorn beginnt.

Grete erklärte ihr, daß sie weder eine gute noch eine böse Stimme aufnehmen dürfe, daß sie nicht warten dürfe, daß sich jemand meldet, sie könne in kurzer Zeit befreit sein. Die gute Frau erwiderte, daß sie ja glücklich sei über den guten Freund und daß sie lieber immer wieder in die Klinik gehe, wenn der Böse über sie herfalle.

Auch ein solcher Zustand kann zur lieben Gewohnheit werden, um so mehr, als solche Patienten eben als unheilbar angesehen und bereitwilligst in den Anstalten behalten werden.

15. KAPITEL
Depressionen und ihre Ursachen

Ich will heute auf ein neues Gebiet übergehen und mich mit der Frage der Depressionen bzw. ihrer Ursachen befassen.
Es gibt, wie wir schon wissen solche, die der Patient durch eine unrichtige Einstellung zu den Problemen des Lebens selbst begründet und verursacht, nicht immer ungewollt, sondern sehr oft mit der bewußten Absicht, sich durch sein krankhaftes Verhalten einer Verantwortung oder Schwierigkeit zu entziehen, vielfach aber verursacht durch äußere Einflüsse, die das Nervensystem in irgendeiner Weise belasten und denen zu begegnen die Kraft fehlt oder doch nach Meinung des Patienten zu fehlen scheint.
Schwächen seelischer und körperlicher Art machen es unmöglich, den rechten Abstand zu den Problemen zu gewinnen. Minderwertigkeitsgefühle lassen sie unlösbar erscheinen und Mangel an Selbstvertrauen verleitet dann zu der Annahme, daß man sich eben seinem Schicksal ergeben müsse; bestenfalls gelangt man zu der Meinung, es sei eben das Karma, dem man nicht entrinnen könne.
Daß aber Depressionen nicht nur in der Psyche des Menschen und seiner Unausgeglichenheit, seiner unrichtigen Lebensauffassung ihre Ursache haben - abgesehen von solchen, die durch die materielle Umgebung mit ihren Mängeln und Fehlern verursacht werden - muß auch mit Depressionen gerechnet werden, die von geistigen Kräften herbeigeführt werden.
Wir sprachen schon von Selbstmord und es ist gewiß die schwerste Form der Depression. Wir sagten schon, daß kein Mensch aus eigenem freien Willen sein Leben im Irdischen vorzeitig wegwirft; es gehört aber doch eine

gewisse Bereitschaft dazu, sich solchen Kräften zu öffnen, die eine psychische Schwäche, einen Irrtum des Patienten ausnützen, um ihn aus seiner Laufbahn zu reißen. Selbstmorde nehmen in erschreckendem Maße zu und das hat seine Ursache vor allem darin, daß es an der Betreuung und Pflege der Seele fehlt, an der richtigen Vorbereitung und geeignetem Unterricht vor Beschreiten oder in den Anfängen des Lebens und in der Zeit des Heranreifens.

Immer wieder möchte ich betonen, wie wichtig es ist, schon im Kindesalter das Selbstvertrauen zu stärken, gegen Gefühle des Versagenmüssens und der Minderwertigkeit anzukämpfen, die Selbstverantwortung vorzuleben und Frohsinn und Heiterkeit zur Grundlage des täglichen Lebens zu machen.

Menschen, die in dieser Weise zur Eigenpersönlichkeit heranreifen, sich ihrer geistigen und seelischen Kräfte bewußt werden, sind gewiß nicht anfällig für Depressionen und die daraus so leicht resultierenden Folgen.

Betrachtet man die oft sehr erstaunlichen Erfolge psychischer Betreuung von Körperbehinderten, denen es verwehrt ist, sich in den normalen Lebensgang einzugliedern, dann sollte man doch bedenken, daß nicht nur sichtbare Schädigungen die Seele belasten und den Lebensrythmus stören, sondern daß solche Behinderungen in weit höherem Maß in der Psyche des Menschen verborgen liegen.

Körperbehinderte Menschen lernen, sich in ihrem Rahmen, in dem Kreis, der für ihr Dasein in irgendeiner Weise begrenzt und eingeengt ist, zu fügen, sich mit ihrem Zustand abzufinden und einen Weg zu suchen, auf dem es ihnen auch möglich ist , ihre Daseinsberechtigung und den Sinn und Zweck ihres Daseins unter Beweis zu stellen. Sie sind oft weit glücklicher und zufriedener als Menschen, denen alle Kräfte und Mittel zu Gebote stehen, die aber doch nicht aus noch ein wissen, sie anzuwenden oder zu verwerten, weil ihnen der rechte Wegweiser fehlt.

Alles Ansammeln von Wissen und Weisheit ist wertlos, wenn ihre Verwertbarkeit nicht gefunden werden kann, weil einfach das Wozu und Warum unbeachtet bleibt.

Um diese letzteren richtig zu erfassen, gehört Gefühl und Verstand gepaart mit guten Absichten, wie Dienst oder Hilfe an der Menschheit oder seiner eigenen Umgebung.

Das Menschwerden wird zu sehr hinter das Wissen gestellt und das Getriebensein im Drang nach materiellem Erfolg und irdischer Position läßt keine Zeit zu rechter Besinnung.

Individuelle Betreuung durch Eltern, Lehrer, Psychologen und Ärzte müßte in weit größerem Umfang betrieben werden, als dies bisher geschieht. Dann könnte man mit Gewißheit sehr bald von einem beachtlichen Rückgang der Selbstmorde und Depressionen sprechen.

Man wird mir entgegnen, es sei unmöglich, geeignete Organisationen und Einrichtungen zu schaffen, die sich mit solcher individueller Betreuung befassen sollten. Es ist aber doch zu bedenken, daß solcher Art Kranke eine weit intensivere Behandlung und Betreuung erfordern, die immer mehr in den Hintergrund treten würden, wenn ausreichende Vorsorge getroffen wurde.

Es ist dies nicht etwa nur die Aufgabe Einzelner, sich um den Werdegang und die Entwicklung der Menschen anzunehmen. Jeder wird sich gerne um seine Nächsten und seine Umwelt kümmern, wenn er selbst den rechten Boden unter den Füßen hat und er durch eine gute Lebensauffassung die rechte Einstellung zur Gemeinschaft findet.

Es muß nur einmal damit begonnen werden und ein wenig Mühe soll nicht gescheut werden, sich selbst zu

erziehen, um andern ein Vorbild in jeder Lebenslage sein zu können.
Damit muß begonnen werden, an sich selbst und seiner Psyche. Laßt Kinder nicht weinen, ohne sie zu trösten, den Grund und die Ursache zu suchen und sie zu beseitigen. Oft sind es ganz nichtig erscheinende Ursachen, die der Erwachsene glaubt ignorieren zu dürfen und die an der Seele des Kindes haften bleiben, weil es nicht erfahren hat, wie sie zu bewältigen wären.
Aus der Welt schaffen, was bedrückt und schmerzt, und ersetzen durch gute Gedanken und Freude. Freude gibt Sicherheit und Selbstvertrauen, denn ihr Einfluß ist ein positiver und vermittelt Kraft, die so sehr vonnöten ist, um dieses irdische Dasein einigermaßen befriedigend meistern zu können.
Freude und Frohsinn vermitteln setzt aber voraus, daß der Gebende in seinem Innersten darüber verfügt und imstande ist, sich auch des nötigen Ausdrucks zu bedienen. Menschen, die Frohsinn und Ausgeglichenheit besitzen, und zwar als Grundton ihres Wesens, strahlen diese ganz unbewußt auf ihre Umgebung aus. Aber sie geben sie nicht etwa ab oder entäußern sich ihres Wesens. Nein, sie gewinnen stets neue Kraft daraus, weil sie ihre Seele geradezu darin baden. Erziehung ist Vorbild und in diesem Sinn möchte ich die Beeinflussung der werdenden und heranreifenden Jugend verstanden wissen. Es ist sicher einfacher, zweckmäßiger und richtiger, rechtzeitig zu lenken und zu leiten, als bereits entstandenes und nicht rechtzeitig verhütetes Unheil und Leiden zu heilen und zu befriedigen.
Laßt keine Unsicherheit und Depression aufkommen, dann werdet ihr Platz in euren Kliniken für wirklich Kranke haben.
Wir wollen ein Beispiel für die Ursachen von Depressionen betrachten. Grete berichtet: Ein Mann schrieb im

Sommer 1973, nachdem er die "Medialen Schriften" gelesen hatte, folgenden Brief:"...Im Jahr 1969 traten bei mir plötzlich Angstgefühle in der Herzgegend und Schwindelgefühl auf. Ich wurde damals mit Herzinfarktverdacht ins Krankenhaus eingeliefert. Trotz gründlichster Untersuchungen konnte jedoch nicht der geringste Anhaltspunkt für eine organische Erkrankung festgestellt werden. Während meines Krankenhausaufenthaltes hatte ich immer wieder den Eindruck, daß die Ärzte gar nicht wußten, mit welcher Krankheit sie es hier zu tun haben und deshalb auch nicht wußten, was sie machen sollten. Wahrscheinlich handelt es sich um eine neue Krankheit, die nervlich bedingt ist...

Hinzufügen muß ich noch, daß ich vor einigen Monaten zusätzlich noch einen Nervenarzt aufgesucht habe, der solchen Patienten – es gibt davon heutzutage gar nicht so wenige – ‚Autogenes Training' verordnete. Aber auch das scheint mir nicht zu helfen, da die Angst- und Schwindelgefühle wieder zugenommen haben.

Da andere Ärzte mit dieser Krankheit anscheinend überhaupt nichts anzufangen wissen, bitte ich Sie, einmal Herrn Dr.Nowotny zu fragen, um was für eine Krankheit es sich handelt und wie sie geheilt werden kann..."

Nowotnys Antwort lautete: "Der Brief, der vor mir liegt, beweist die Fehlhaltung des guten Mannes. Der Grund dafür ist aber daraus nicht ersichtlich. Seine Umgebung ist es, die ihm die Veranlassung gibt, sich in Angst- und Schwindelgefühle zu flüchten, um einer untragbar scheinenden Verantwortung zu entgehen. Er ist sich dessen selbst nicht in präziser Form bewußt, verfällt aber immer wieder in Zweifel, ob seine Kräfte ausreichend seien, um alle an ihn herantretenden Aufgaben zu bewältigen. Sein Selbstvertrauen gerät oft ins Wanken, wenn auch der gute Wille nicht fehlt, den richtigen Weg zu finden.

Ich lasse ihm sagen, es sei keine organische Krankheit; die Diagnose der Ärzte war richtig, aber sie sind nicht darauf eingestellt, psychische Behandlung zu leisten, da sie alle davon nicht hinreichend unterrichtet sind.
Es bedarf aber auch keines fremden Einflusses und keiner Medikamente. Die Fähigkeit, sich selbst zu beobachten, ist bei dem guten Mann so groß, daß er aus eigener Kraft imstande sein wird, seine Gedanken umzuschalten, wenn Angst- und Schwindelgefühle sich bemerkbar machen wollen.
Die Schwindelgefühle sind die Folge davon, daß ängstliche Gedanken den Kreislauf stören und damit das Gleichgewicht.
Beginnen Sie also, mein Freund, damit, gegen die negativen Einflüsse und Gedanken zu kämpfen, sie abzuwehren mit starkem Willen und nicht besorgt darauf zu warten, bis das Leiden wieder beginnt.
Sie dürfen auch mit meiner Hilfe rechnen, wenn Sie das Vertrauen zu mir festigen, das Sie ja schon weitgehend gewonnen haben.
Zuletzt will ich aber zu Ihrer Beruhigung noch feststellen, daß es sich bei Ihnen nicht um eine Krankheit handelt, sondern nur um eine - ich möchte sagen - geringfügige Fehlhaltung, durch die die Beschwerden ausgelöst werden, die als Symptome einer Krankheit auch festgestellt werden könnten. Also bitte nur Mut, wir werden es bald überwunden haben."
Dazu Nowotny: Ich hatte natürlich den Nagel auf den Kopf getroffen und muß gestehen, daß das für mich nicht schwer ist, aber es könnte jedem Arzt, der sich ein wenig mit der Psyche des Menschen befaßt, ebenso gelingen.
Wohl mag die Faszination, von mir so durchschaut worden zu sein, mitgeholfen haben, ausschlaggebend war aber nur die Tatsache, daß der gute Mann nun wußte,

wo sein Irrtum lag und wogegen er ankämpfen mußte. Er war in wenigen Tagen geheilt. Besser sollte man sagen, er war auf dem richtigen Weg und von einem Irrtum befreit.

Grete berichtet weiter: Im Oktober 1973 lernte ich ihn gemeinsam mit seinem Freund kennen. Ich erfuhr dabei erst, daß er in einer verantwortungsvollen Position tätig war und schwerwiegende Entscheidungen zu treffen hatte. Und er bestätigte mir, es seien seine eigenen Worte: Ich kann die Verantwortung nicht tragen, die ich übernommen haben.

Nowotny schrieb für die beiden Herren: "Ich danke Ihnen, daß Sie gekommen sind. Es gibt noch viel zu besprechen, aber nichts, was schwer oder tragisch zu nehmen wäre. Kleine Korrekturen in der Einstellung zum täglichen Leben und mehr Heiterkeit und Frohsinn wäre zu vermitteln. Ich sage, es wäre, weil ich dazu den Eingang in Ihr Inneres finden muß. Öffnen Sie sich mir und glauben Sie daran, daß in allen Lebenslagen Besserung und Befreiung erreicht werden kann, wo immer es wünschenswert oder nötig ist. Ich kann dies noch nicht so konkret ausdrücken, wie es vielleicht erwartet wird. Das heißt, ich könnte wohl, tue es aber nicht, weil die Arbeit an den psychischen Problemen jeder selbst erfühlen muß. Ich sehe wohl, daß ein guter Anfang gemacht ist und bitte um Ihre Freundschaft. Es wird zu einem intimen Verhältnis werden, das uns verbinden soll. Daß das im Irdischen einen anderen Klang hat als bei mir, ist wohl richtig, aber es darf darüber keine Zweifel geben. Unsere geistigen Beziehungen sind so gut fundiert, daß es keiner Korrektur in Ihrer Einstellung bedarf. Ich meine, es darf jeder von Ihnen den gleichen Weg zu mir einschlagen. Ihr Unterscheidungsvermögen hat Sie ja auf meine Spur gebracht und Spreu von Weizen zu scheiden haben Sie bestens gelernt.

Kommen Sie wieder und vertrauen Sie sich meiner Schule an. Es kann in kurzer Zeit eine Veränderung in Ihrem Wesen erreicht werden, so daß Sie sich keinem Arzt mehr anvertrauen müssen.
Stellen Sie ganz in Ruhe und insgeheim Ihre Fragen an mich. Sie werden in jeder Lebenslage die richtige Antwort finden. Sie müssen nicht unterscheiden können, ob es aus fremdem oder eigenem Können fließt. Glauben Sie fest an Ihre eigene Kraft und nützen Sie diese in allen Belangen.
Das Selbstvertrauen ist oft schwankend, nicht nur bei Ihnen, meine Herren, sondern bei allen Menschen, die guten Willens sind und kritisch betrachten, was sie tun und lassen. Sollte auch eine Leistung als unvollkommen oder negativ erkannt werden, so gibt es stets die Möglichkeit, es ein andermal besser zu machen. Das will ich Ihnen heute mit auf den Weg geben und hoffe, daß es ein wenig Trost und Freude bedeutet."
Die Andeutungen, die Nowotny darin machte, konnte ich noch nicht verstehen. Es stellte sich aber sehr bald heraus, daß die beiden Freunde mit der Übersetzung eines großen medialen Werkes aus dem Englischen befaßt waren. Im März 1974 erhielt ich folgenden Brief: "Leider muß ich Ihnen mitteilen, daß sich meine Angst- und Schwindelgefühle wieder sehr stark eingestellt haben, nachdem sie in den vergangenen Monaten so gut wie verschwunden waren..." Und er bat um Nowotnys Hilfe.
Nowotny schrieb wieder an ihn: "Es bedarf nicht vieler Worte, um Ihnen klar vor Augen zu führen, wo der Irrtum in Ihrer Haltung liegt. Die Dinge um Sie sind so gut wie geklärt, aber in Ihrem Innern läßt die gute Einstellung ein wenig zu wünschen übrig. Die Zersplitterung der Gedanken schafft Unruhe und stört das Gleichgewicht. Es ist eben für den irdischen Menschen

gefährlich, sich auf transzendente Ebenen zu begeben und Einblick in Sphären zu gewinnen suchen, die ihm eben noch verschlossen bleiben sollen.
Das Bemühen um die Erlangung höchster Weisheit und allumfassenden Wissens erfordert besondere Kräfte und eine Widerstandskraft gegen unerwünschte Einflüsse.
Ich sagte Ihnen schon, daß Sie sich mir anvertrauen dürfen und sollen, wenn die eigene Kraft zur Bewältigung der Probleme nicht ausreicht. Es darf aber kein Ausweichen geben, sondern ausschließliches Vertrauen.
Durch die Beschäftigung mit dem medialen Werk, die ich gewiß nicht gering schätze, öffnen Sie sich anderen geistigen Einflüssen und nicht immer bedienen Sie sich des Unterscheidungsvermögens, dessen Sie sich im allgemeinen rühmen dürfen. Weisen Sie also alle unliebsamen und negativen Gedanken ab und Sie werden bald wieder auf Ihren eigenen Beinen stehen. Richten Sie Ihre Gedanken vertrauensvoll auf mich und Sie werden erkennen, daß es bessere Freundschaft ist, die Ihnen Ruhe bringt und Ihre Schaffenskraft erneuert."
Schon nach kurzer Zeit waren alle Störungen beseitigt.
Ein Beispiel dafür, daß geistige Störungen gleichzeitig mit endogenen Depressionen auftreten können.
Nowotny schreibt selbst weiter:
Ein anderer Fall war eine junge Frau, die ständig weinte und unter Schlaflosigkeit litt. Nach der Ursache befragt erzählte sie, daß ihr Kind beim Zahnen beinahe die Freisen bekommen hätte und in furchtbare Krämpfe verfallen sei. Das habe ihr einen solchen Schock verursacht, daß sie nun ständig weinen müsse, obwohl ihrem Kind nichts geschehen war und es prächtig gedieh.
Ich schrieb zu diesem Fall folgendes: "...Sie haben keinen Grund, Minderwertigkeitsgefühle zu haben. Es ist ja schön, wenn man Menschen um sich hat, die einem

alles abnehmen, was sie einem an den Augen ablesen können. Sie müssen deshalb nicht denken, daß Sie das nicht auch können ..."

Daraus darf geschlossen werden, daß die Patienten oft selbst die wahre Ursache ihres Leidens gar nicht kennen. In diesem Fall lag die Ursache in der übergroßen Fürsorge der Mutter, die ihrer Tochter alle häusliche Arbeit abnahm, sodaß sie selbst das Gefühl bekam, der Aufgabe als Hausfrau nicht gewachsen zu sein. Niemals würde sie das können, was ihre Mutter leistete und da bedurfte es nur eines einschneidenden Ereignisses, das die Flucht in die Krankheit rechtfertigte. Bald fand sich Gelegenheit, die eigenen Fähigkeiten unter Beweis zu stellen und nach kurzer Zeit war aller Kummer behoben.

16. KAPITEL

Grundlagen und notwendige Vorarbeiten für die Schaffung von Einrichtungen, die der Befreiung von geistigen Störungen dienen sollen

Wir wollen heute damit beginnen, die Grundlagen aufzuzeigen, die notwendig beobachtet werden müssen, wenn man Einrichtungen schaffen will, die geeignet sind, Menschen von geistigen Störungen zu befreien und nicht nur das, sondern sie auch entsprechend zu betreuen und ihnen einen Weg zu zeigen, wie sie nach Befreiung von der quälenden Last wieder ins normale Leben zurückfinden können.

Es sind dabei mancherlei Dinge zu beachten und auf ihre Auswirkung in verschiedene Richtungen zu prüfen.

Wir wollen nicht davon ausgehen, daß Schwierigkeiten berücksichtigt werden müssen, die damit zusammenhängen, daß man bislang noch nicht bereit ist, geistige Störung von Geisteskrankheit zu unterscheiden.

Die Einrichtungen, die wir beabsichtigen, können nur von Psychiatern geführt und mit Erfolg betrieben werden, die von der Überzeugung durchdrungen sind, daß die Menschheit von geistigen Kräften getragen ist und ihre Existenz von der richtigen Wahl der geistigen Helfer abhängt.

Die Wahl, von der ich hier spreche, bedeutet nicht etwa, daß das Individuum mit seinem irdischen Verstand seine Weggenossen aus dem geistigen Bereich aussuchen kann; es ist vielmehr eine solche Wahl nur abhängig von der geistigen Reife, mit der es ins irdische Leben eintritt. So wohl in der Regel und unter Zugrundelegung normaler Erbanlagen und in Übereinstimmung mit dem mitgebrachten fertigen Programm für das neue irdische Dasein.

Würden diese Kriterien in jedem Fall erfüllt sein, müßten wir von geistigen Störungen überhaupt nicht sprechen. Leider ist dem nicht so. Wie im irdischen Bereich, so befinden sich auch in den jenseitigen Sphären Kräfte, die den normalen Ablauf der Entwicklung stören, bewußt oder unbewußt, aus Unwissenheit oder in böser Absicht.
Auch in hilfsbereiter Einstellung und verleitet durch die unrichtige Einstellung der irdischen Menschen versuchen sie, sich in Geltung zu bringen, um Versäumtes nachzuholen oder unerfüllte Wünsche und Absichten zu verwirklichen.
Wir werden über jede dieser Einflußmöglichkeiten noch ausführlich zu berichten haben; ich will aber vorläufig nur andeuten, daß es die Aufgabe guter Psychiater sein muß, nach Möglichkeit festzustellen, welcher Art der geistige Einfluß ist und danach die Methode zu finden und den Patienten anzuleiten, die entsprechende Abwehr oder Umkehr von irrtümlichen Kontakten einzusetzen.
Wollen wir solcherart wegweisend sein, dann müssen wir davon ausgehen, daß der Betroffene ein im gleichen Maß normaler Mensch ist wie ein anderer, der etwa in derselben Entwicklungsstufe oder im selben Bildungsgrad steht.
Ich will damit sagen, daß nicht das abwegige und abnormale Verhalten eines Menschen die Grundlage zu seiner Beurteilung oder gar Verurteilung bilden darf.
Es zeigt sich meist nach der Befreiung, daß man ein ganz anderes Wesen kennenlernt und geneigt ist, zu glauben, daß der betreffende Mensch nun seine schlechten Eigenschaften eben überwunden oder abgelegt hat.
Die Überzeugung davon, daß in jedem Menschen ein gesundes Geistwesen wohnt, das von Natur aus bestrebt ist, seinen Weg nach oben zu suchen, ist die wichtigste

Grundlage, will man wahrhaft helfen und in menschlich vertretbarer Art den so belasteten Menschen begegnen.
Es genügt aber nicht, daß nur der Arzt in seiner guten Überzeugung sich demgemäß verhält, es bedarf der gleichen guten Einstellung aller Beteiligten sowohl in der Familie und näheren Umgebung, wie da sind gute Freunde und Kameraden als auch beim Personal der Anstalten, also der Betreuer vom Wärter und der Krankenschwester bis zum Psychotherapeuten und Seelsorger. Sie alle müssen lernen, ihren Patienten mit Vorsicht und Rücksicht zu begegnen, sie nicht als minderwertig zu betrachten oder gar als schlecht und verabscheuungswürdig.

Es ist keine leichte Aufgabe und es bedarf einer ernsten und tiefgreifenden Schulung, damit auch die mit diesen Aufgaben betrauten Personen sich richtig eingliedern können in die Gemeinschaft der Helfer. Nicht nur im Interesse der Patienten ist das wünschenswert, sondern auch zum Besten der im Dienst der großen Aufgabe Stehenden.

Ihre Überzeugung von den geistigen Zusammenhängen muß so fundiert sein, daß Zweifel und Verneinung nicht mehr aufkommen können.

Nur dann ist auch die Abwehr gegen störende Einflüsse gegeben, denen gerade die so intensiv damit konfrontierten Menschen ausgesetzt sind. Zeigen sie Schwächen und Unsicherheit, so laufen sie Gefahr, von Wesen und Kräften befallen zu werden, von denen sie andere befreien konnten.

Es bedarf also einer Erneuerung im Rahmen der Krankenbetreuung, die nur zum Wohle aller Beteiligten zur Schaffung einer – ich möchte sagen – neuen Atmosphäre führen kann, einer Umwälzung von weitreichender Konsequenz in allen Sparten der medizinischen Wissenschaft.

Macht die kleinen und kleinsten Mitarbeiter zu denkenden und suchenden Menschen und ihr werdet Leistungen erzielen, die in ihrer Vielfalt und Ausdehnung alles bisherige in den Schatten stellen werden.
Wir können wohl nicht erwarten, daß eine solche Wandlung von heute auf morgen weite Kreise erfassen wird, da die Verbohrtheit und Mechanisierung der ärztlichen Methoden noch wenig Raum läßt. Ein gutes Vorbild wird aber bald seine Kreise ziehen und einer Entwicklung den Weg bereiten, der allein geeignet sein wird, wirksame Abhilfe gegen fremde Einflüsse zu schaffen.
Die Hauptaufgabe stellt aber die Heranbildung der Ärzte dar, die, soweit sie auf die Lehren der Schulmedizin eingeschworen sind, große Mühe haben werden, anderen Gedankengängen in der Ausübung ihres Berufes Raum zu geben.
Nicht nur, daß sie eine neue Begriffswelt kennenlernen und manche mit viel Mühe erlernte Fachausdrücke vergessen müssen, sie werden vielfach auch in ihrer Lebensauffassung und Blickrichtung eine Änderung erfahren müssen und - wie gesagt - wird es nur solchen Ärzten vorbehalten sein, auf diesem Gebiet ihren Mann zu stellen, die gewillt und imstande sind, über die so weitgehend mechanisierten Arbeitsmethoden der Schulmedizin hinaus ihre ganze Persönlichkeit in Nächstenliebe und Selbstlosigkeit einzusetzen.
Große Persönlichkeiten werden sich der Mühe unterziehen müssen, die Lehrgänge auszuarbeiten, die zur Heranziehung geeigneter Mitarbeiter notwendig sind.
Es muß dabei bedacht werden, daß die herrschenden Normen im schulmedizinischen Studium nicht so bald eine Erneuerung erfahren werden, wobei zu beachten ist, daß im Grunde die Befreiung von geistigen Störungen

nicht Heilung bedeutet, da ja in sehr vielen Fällen keine Krankheit vorliegt.
Die große Schwierigkeit liegt ja besonders darin, daß es einem medizinisch Gebildeten schwerfällt Methoden anzuwenden, die mit seiner wissenschaftlichen Erfahrung und den erlernten Methoden nichts gemein haben. Sie erscheinen ihm laienhaft und primitiv, bedürfen keiner hochtrabenden wissenschaftlichen Ausdrücke und Bezeichnungen und sind schlicht und einfach menschlich psychisch erklärbar.
Daß geistige Störungen auch mit echten Krankheitsbildern Hand in Hand gehen können, ist richtig und sehr häufig. Darum soll auch die Befreiung davon nur von gut informierten Ärzten bewirkt werden, von solchen, die einfach den Irrtum der Schulmedizin in diesen Belangen und Zusammenhängen erkannt haben und mit Idealismus ausgestattet und von reiner Nächstenliebe beseelt sind.
Es gibt von meiner Warte aus betrachtet schon viele solcher guten Ärzte, die unter dem Druck der herrschenden Auffassung leiden, jedoch nicht den Mut haben, andere Wege zu beschreiten. Beherzte Männer werden den Mut finden, einen Anfang zu machen, und es wird ihnen gelingen, ihre Ideen und ihre Auffassung in die Tat umzusetzen.
Ich selbst glaubte zu meinen irdischen Tagen, eine Möglichkeit finden zu müssen, die Tore der geschlossenen Anstalten zu öffnen, Licht und Luft, Freiheit und liebevolle Behandlung den so gequälten Menschen zuteil werden zu lassen. Widrige Umstände haben meine Absichten und Pläne durchkreuzt.
Jetzt will ich nachholen und mit Hilfe von wenigen ausgewählten Ärzten verwirklichen, was mir vorschwebt. Sie werden es leichter haben als ich damals, denn meine Hilfe ist ihnen sicher.

Und da die Auffassung von den Zusammenhängen zwischen geistigen und materiellen Kräften in zunehmendem Maße eine Erneuerung und Festigung erfährt, laufen in dieser Richtung erfahrene Ärzte nicht mehr Gefahr, zu den Geisteskranken gezählt zu werden, wie das vor einigen Jahrzehnten noch der Fall war.
Neugierig wird man eine solche Einrichtung beobachten und froh wird man sein, wenn die Irrenanstalten um eine erkleckliche Zahl an Insassen vermindert werden können.
Denkt man heute an eine solche Anstalt, dann mag man erschauern vor der Angst und Verzweiflung, mit der sie angefüllt ist von unten bis oben. Geisteskranke können sich darin geborgen fühlen, Menschen, die nur gestört sind, erkennen oder sehen ihre Ausweglosigkeit. Die Aussonderung von ihrer Umgebung und Familie treibt sie in Angst und Verzweiflung.
Und oftmals ist dann die kranke Umgebung die Ursache zu unmotivierten Fehlhaltungen und Exzessen. Es fehlt der Glaube an die Genesung, an eine Rückkehr ins normale Leben usw.
Alle diese negativen Aspekte und Einflüsse müssen in einer richtig gelenkten Heilungs-bzw. Befreiungsklinik vermieden werden. Alles muß so eingerichtet sein, daß der Mensch einen neuen Weg vor sich sieht und das Vertrauen in die Menschheit nicht verloren geht oder wieder gefunden werden kann.

17. KAPITEL

Einfluß geistiger Störungen auf den Organismus. Unterscheidung zwischen geistiger Störung und Geisteskrankheit. Mitarbeit des Patienten

Es ist auch zu bedenken, daß geistig gestörte Menschen – besonders dann, wenn die Störung schon über längere Zeit besteht – in ihrer körperlichen Verfassung aus dem Gleichgewicht gekommen sind und eine gezielte Behandlung auch in dieser Hinsicht von großem Vorteil ist. Wir wissen schon aus vorangegangenen Kapiteln, daß jede Krankheit ihren Sitz in der Seele hat, und es muß daraus geschlossen werden, daß eine behinderte Seele – denn um Behinderung handelt es sich bei geistigen Störungen – die Abwehr gegen körperliche Schwächen und Gebrechen vermindert und Einflüssen negativer Art daher Tür und Tor geöffnet sind.

Es muß Hand in Hand mit psychischer Behandlung die Kräftigung des ganzen Organismus angestrebt werden, sei es durch natürliche Betätigung oder gezielte medikamentöse Behandlung.

Da solche Betreuung meist einer längeren Zeit bedarf – wenn auch nicht immer stationärer Art –, können auch Medikamente herangezogen werden, deren Wirkung auf lange Sicht abgestellt ist.

Die Homöopathie hat schon viele solcher Mittel gefunden, die bei richtiger Anwendung und Dosierung bleibenden Erfolg ermöglichen ohne schädigende Nebenwirkungen oder Folgeerscheinungen.

Weitgehend abzulehnen sind Medikamente, die dazu angetan sind, die Psyche des Menschen zu verändern, ihn zu betäuben und sein Denkvermögen herabzusetzen. Solche Mittel sind lediglich geeignet, Symptome zu bekämpfen, sie für kurze Zeit zu beseitigen, niemals aber die Ursachen zu berühren und die Möglichkeit zu geben, diese zu beheben.

Eine solche Methode kann bestenfalls bei schweren Geisteskrankheiten ihre Berechtigung haben, wenn Heilung nach bestem Wissen und Gewissen ausgeschlossen werden darf, nicht aber bei solchen Leiden, die keinen begründeten und einwandfrei feststellbaren organischen Fehler erkennen lassen.

Um in diesen Belangen korrekt diagnostizieren zu können, ist die Voraussetzung - wie schon betont - die strenge Unterscheidung zwischen geistiger Störung und Geisteskrankheit.

Die Bereitschaft, in dieser Weise Untersuchungen anzustellen, hängt von der Einstellung der damit befaßten Ärzte ab.

Ich empfehle, in Zweifelsfällen stets vorerst eine Störung anzunehmen und in der Richtung der Befreiung durch psychische Behandlung zu verfahren.

Jeder Satz, den ich dazu schreibe, wirft neue Fragen auf, und ich muß um Geduld bitten. Ich werde bemüht sein, alle Kriterien von Bedeutung aufzuzeigen und unter die Lupe zu nehmen.

Die brennendste Frage ist wohl die: Wie kann man zwischen Störung und Krankheit unterscheiden? Was muß dabei in Betracht gezogen werden?

Vor allem ist zu bedenken, daß nicht zwei Menschen gleich sind und daß daher jeder Fall für sich und nicht nach starren, strengen Normen untersucht werden muß. Es ist mühevoll in den meisten Fällen, abgesehen von solchen, wie ich sie in vorangegangenen Kapiteln kommentiert habe.

Sie haben den Beweis geliefert, daß Störungen von fremden Kräften möglich sind und daß auch ihre Beseitigung in allen Graden der Intensität erreicht werden kann.

Im stationären Verfahren handelt es sich in der Hauptsache um Menschen, die durch auffälliges, aus dem allgemein gültigen, sozusagen normalen Rahmen fallendes Verhalten ihr Bleiben in der Familie oder engerer Umgebung in einer Weise erschwert haben, daß das Leben in der Gemeinschaft in Mitleidenschaft gezogen oder unerträglich geworden war.
Trotzdem kann man auch in solchen Fällen nicht immer schwere Belastungen vermuten oder annehmen. Es kann eine geringfügige Belastung in ihrer Auswirkung schwerer erscheinen, als es eine allem Anschein nach harmlose Störung in Wirklichkeit ist.
Nur durch richtiges Einfühlen in den Patienten, durch Verstehen und Verzeihen wird der Arzt das Vertrauen gewinnen und die Zunge lösen.
Nur selten sind die Menschen in der Lage, selbst zu erkennen, daß und von welcher Kraft sie belastet sind. Entweder wollen sie sich nicht davon befreien oder sie werden von einer negativen Kraft daran gehindert; oder sie können es nicht, weil die fremde Kraft ihre Willensimpulse blockiert.
Nicht wollen und nicht können setzt Gedankenarbeit voraus. Sie muß gelenkt und beieinflußt werden, damit der eigene Wille geweckt oder von der fremden Hemmung befreit wird.
Nicht in bestimmten Regeln kann die Lösung dafür aufgestellt werden. Gute psychische Betreuer werden den Weg selbst erkennen und in jedem einzelnen Fall den erforderlichen Nachdruck oder die gebotene Stetigkeit in ihren Vorhaltungen finden.
Die Mitarbeit des Patienten ist von besonderer Bedeutung, wenn man bleibenden Erfolg erzielen will.
Eine abrupte Befreiung kann den Patienten als geheilt erscheinen lassen. Hat er nicht selbst daran mitgewirkt, so besteht die Gefahr, daß er sich ganz unbewußt oder

sogar mit Willen diesen Einflüssen wieder öffnet, sie selbst wieder anzieht und auf diese Weise einen regelmäßigen Wechsel zwischen Störung und Befreiung verursacht.
Milieu und Sitte, Vorleben, Beruf und Stellung in der Gemeinschaft sind Gebiete, die einer genauen Betrachtung zu unterziehen sind. Oft liegen die Ursachen in der nächsten Umgebung, in der Familie oder in der Gesellschaft, die zum regelmäßigen Umgang des Patienten zählen.
Ist es nicht möglich, den Patienten nach erfolgreicher Behandlung in diese wieder zu integrieren, so muß eine Trennung auf längere Dauer in Betracht gezogen werden.
Eine besondere Rolle spielt die unrichtige Befassung mit geistigen Dingen, der Wunsch, dem irdischen Dasein zu entfliehen und sich auf unbekannten Ebenen zu beweisen. Jede dieser Möglichkeiten bedarf noch eingehender Betrachtung, die ich in späteren Abschnitten bringen werde.
Einrichtungen, die also auf Befreiung von geistigen Störungen ausgerichtet sein sollen, müssen auch die Betreuung von Patienten in ambulanter Weise einbeziehen und dafür Sorge tragen, daß geheilte Patienten einer ständigen Kontrolle teilhaftig werden können.
Menschen, die in solcher Art labil und durch ihre Medialität mehr als andere fremden Einflüssen Raum geben, dürfen nicht ohne ständige Beaufsichtigung und ohne Rückhalt sich selbst überlassen bleiben. Dies natürlich in allen Graden der Notwendigkeit, je nach der Höhe der geistigen Reife und dem Selbstbewußtsein des Patienten.
Neue Wege werden in vielen Belangen beschritten werden müssen und es wird eine breitere Basis in der Be-

handlung psychischer Störungen jeglicher Art gefunden werden.
Moderne Methoden jedoch, abgestellt auf die geistige und religiöse Richtung des Patienten, können die Therapie abwechslungsreich gestalten.
Betätigungen, die entweder eine noch schlummernde Begabung wecken oder im Fall von mangelnder Initiative zur Beruhigung und Abwechslung beitragen. Möglichst sollte für Betätigung im Freien Gelegenheit geboten sein. Gemeint ist nicht körperliche Anstrengung – eine solche nur bei extremem Bedürfnis danach –, sondern vergnügtes Tätigsein, künstlerische Betätigung zumindest aber der Genuß von guter Musik soll intensiv gepflegt und angewendet werden.
Ich habe dabei solche Patienten in der Betrachtung, die durch ihre geistige Störung weitgehend aus dem Zusammenhang und Kontakt mit der Umwelt gelebt haben und daher auch nach erfolgter Befreiung erst behutsam ins normale Leben zurückgeführt werden müssen.

18. KAPITEL

Warum Befreiungs-Anstalten nur unter der Leitung von Psychiatern stehen dürfen. Notwendige Zusammenarbeit mit der Schulmedizin. Psychische Ursachen für organische Leiden. Veränderte Lebensbedingungen eine neue Grundlage für die psychiatrische Schule

Wenn man bedenkt, daß oft schon im Kindesalter Besessenheit und geistige Belastung die Entwicklung hemmen oder unterbinden können, dann kann man sich den Umfang und die Reichweite der Institutionen vorstellen, die gegen dieses gewaltige und schwierige Pensum zu kämpfen unternehmen werden.
Es wird kein Kindergarten oder Spielschule sein, sondern für jeden Beteiligten eine ernste Aufgabe. In bescheidenem Rahmen wird begonnen werden müssen, sodaß genügend Zeit zur Forschung und Schaffung von Grundregeln und Normen gegeben ist.
Der Aufbau einer neuen Sparte der Psychiatrie, wobei ich geneigt bin zu sagen oder vorzuschlagen, man sollte eine von den bisher geübten und gebräuchlichen Benennungen völlig unabhängige Bezeichnung wählen, damit das Odium der Geisteskrankheit, der Schizophrenie und wie sie alle heißen mögen, die Zustände, für die man keine eindeutige Erklärung hat, wegfällt und Einrichtungen dieser Art nicht als Ersatz dafür betrachtet werden.
Daß Psychiater sich dieses Spezialgebietes in erster Linie werden annehmen müssen, hat seinen Grund darin, daß einerseits eine Loslösung einer Befreiungs-Anstalt von der psychiatrischen Sparte offiziell nicht so schnell wird erfolgen können und anderseits gewährleistet sein muß, daß bei Vorliegen einer Geisteskrankheit nach ein-

deutiger Diagnose die entsprechenden Maßnahmen eingeleitet werden.
Es muß ja auch bedacht werden, daß – wie ich schon angedeutet habe – durch eine geistige Störung der ganze Organismus in Mitleidenschaft gezogen sein kann und daß daher medizinisch geschulte Kräfte allein den richtigen Weg finden und weisen können.
An dieser Stelle möchte ich auch darauf hinweisen, daß geistige Störungen vielfach eine Erhöhung der Körperkräfte verursachen. Man kennt ja die erschreckenden und kaum zu bändigenden Kräfte von sogenannten Tobsüchtigen, die nach Befreiung von der besessenmachenden Kraft ins Gegenteil sich kehren und Erschöpfung und Schwäche nach sich ziehen.
Ich habe in anderem Zusammenhang schon darauf hingewiesen, daß bei Verkehr mit geistigen Wesen der Gesundheitszustand des Mediums ständig geprüft und beobachtet werden muß, da davon der Wert und die Güte der geistigen Kommunikation abhängt.
Eine gute Verbindung gibt dem Medium Kraft und Gesundheit, eine unerwünschte und wertlose erzeugt Erschöpfung und stört das Gleichgewicht im Haushalt des ganzen Organismus.
Erschöpfung tritt aber erst nach Beendigung der Verbindung, etwa nach medialer Seance ein oder eben erst dann, wenn das störende Wesen von seinem Opfer vorübergehend abläßt.
Es ist allgemein zu beobachten, daß in der Phase der Besessenheit unnatürliche Kräfte wirksam sein können, die auch einen Hinweis dafür bieten, daß eine Verdopplung vorliegt, verursacht durch ein Wesen, das sich des Organismus eines anderen bedient.
Daß diese fremde Kraft in einer viel größeren Intensität zu wirken imstande ist, hat seinen Grund darin, daß es nicht durch die Materie behindert, den menschlichen

Motor hemmungslos benützen kann. Der Mensch in seiner materiellen Eingeengtheit hat aber keine Chance als Zwerg gegen einen Riesen - möchte ich sagen - aufzukommen. Dazu kommt, daß es oft nicht nur eine fremde Kraft ist, die auf das menschliche Wesen wirkt, sondern mehrere können gemeinsam anhängen und für irdische Begriffe übermenschliche Leistungen setzen.
Meist sind solche Anfälle nicht ohne bestimmte Ursachen veranlaßt; die Fehleinschätzung, schlechte Behandlung usw. werden eben oft von jenseitigen Kräften nicht angenommen und daher entsprechend honoriert.
Ich sagte schon an anderer Stelle, daß wir alle von ganz unten herauf gekommen sind, soweit wir uns schon ein solches Urteil über uns selbst erlauben dürfen. Wir sollten daher diesen armen, verirrten Wesen, die den rechten Weg noch nicht gefunden haben, in Güte und Liebe begegnen und ihnen behilflich sein, auf den Weg zu kommen, den wir wenigstens im Augenblick für uns als den richtigen erkannt haben.
Die meisten dieser irrenden Wesen werden es uns danken und von ihren Opfern lassen, wobei unsere Hilfe aus dem Jenseits euren Bestrebungen und Wünschen entgegenkommen wird.
Die Voraussetzungen für ein solches gemeinsames Wirken sind gegeben. Der Widerstand von seiten der medizinischen Wissenschaft wird sich nicht mehr durchsetzen können, wenn beherzte Psychiater mit uns arbeiten und sich uneingeschränkt auf den Boden unserer Erfahrungen stellen werden.
Es darf auch nicht die Vermutung aufkommen können, daß alles, was auf dem Gebiet der Psychiatrie bisher getan wurde, falsch gewesen ist. Wir müssen ihre Erfahrungen ebenso zugrunde legen wie die für den Fortschritt geeigneten.

Freilich sind wir gezwungen, von einigen festgefahrenen Auffassungen abzurücken und neue Methoden und Praktiken einzuführen, die bisher eben nicht in Erwägung gezogen werden konnten, weil eine veraltete und weitgehend animistische Lebensauffassung im Wege stand.
Die autoritäre Einstellung der Schulmedizin, die keinen Zweifel an der Richtigkeit ihrer Theorien aufkommen ließ, hat die auf ihre festgelegten Normen vereidigten Schüler in Grenzen gezwungen, die jeden Fortschritt, soweit er nicht in einer technischen Modernisierung bestand, unterbinden mußten.
Nicht etwa so gemeint, daß die gesamte medizinische Wissenschaft rückständig und veraltet wäre.
Man hat in bezug auf die Funktion der menschlichen Organe große Fortschritte gemacht und Heilungsmethoden gefunden, die vor wenigen Jahrzehnten noch als Utopie abgetan worden wären. Dafür gebührt den großen Meistern auf diesem Gebiet höchstes Lob und Anerkennung.
Im Drang der Forschung blieb aber der Mensch im Hintergrund. Er war vergessen im Bestreben, die medizinische Wissenschaft immer mehr in Sparten aufzugliedern und Spezialgebiete zu schaffen, die nur auf Teilgebiete ausgerichtet waren und daher kaum die Möglichkeit hatten, den ganzen Menschen in ihre Betrachtung einzubeziehen.
Ich sagte schon zu Beginn und in den ersten Kapiteln meiner Schriften, daß jede Krankheit ihren Sitz in der Seele hat und kranke Organe nur in Verbindung mit der Psyche des Menschen behandelt werden sollen.
Wie großen Schwierigkeiten eine solche Forderung begegnet, ist mir klar, und es kann vorläufig nur in wenigen Fällen und durch wenige Ärzte eine dementsprechende Behandlung durchgeführt werden. Einerseits aus Mangel und Zeit, anderseits aber vor allem wegen

Fehlens von geeigneten Ärzten und unzureichender Vorbildung in dieser Richtung.
Langsam muß auch in der medizinischen Wissenschaft das Programm - möchte ich sagen - geändert werden. Die Lebensbedingungen sind andere geworden, die Einstellung der Menschen, ihre Lebensauffassung, ihr Weltbild sind in einer Weise verändert und finden die wenigsten noch den Boden unter den Füßen, um ihr irdisches Dasein richtig zu meistern.
Die Flucht in die Krankheit wird zum einzigen Ausweg aus der unerträglichen Lage, der Sinn und Zweck des irdischen Daseins wird mißverstanden und verneint.
Es wird also oberstes Gebot für die medizinische Wissenschaft sein, ihre Forschung auch in dieser Richtung zu intensivieren.
Wenn dann die Überzeugung oder wenigstens der Glaube an die Existenz fremder geistiger Kräfte gefunden wird - und das ist unfehlbar die Folge einer guten Befassung mit den Fragen, die damit zusammenhängen -, dann wird eine ärztliche Behandlung auf anderen, neuen Grundlagen aufbauen und nicht nur Symptome der Untersuchung wert befunden werden, wie das heute der Fall ist.
Die Frage, die der Arzt zu stellen hat, bevor er mit seiner Therapie beginnt, muß lauten: Warum ist der Mensch krank und welches Verhalten beeinträchtigt gerade dieses oder jenes Organ?
Mehr, als man gerne annehmen möchte, wird die Diagnose auf die Einwirkung fremder geistiger Kräfte hinweisen müssen, sodaß in erster Linie die Einstellung des Patienten, sein mangelndes Selbstvertrauen, Minderwertigkeitsgefühle und psychische Schwächen einer Korrektur zu unterziehen wären.
Das Gebiet ist so umfangreich und verwirrend, daß es gewiß eines längeren Zeitraumes bedarf, um Wege und

Methoden zu finden, die es ermöglichen sollen, bei jeder Behandlung den ganzen Menschen, die Persönlichkeit in den Vordergrund zu stellen. Eine heute noch nicht zu verwirklichende Traumvorstellung oder eben die Idealvorstellung von der ärztlichen Tätigkeit von meiner Warte aus gesehen. Es ist aber keine Utopie und es kann bei ein wenig gutem Willen Schritt für Schritt dem erträumten Ziel näher gekommen werden. Da ich selbst als irdischer Psychiater, Neurologe und Individualpsychologe mein einigermaßen geschultes Auge vornehmlich auf die Belange der geistigen Zusammenhänge richte, ist es meine besondere Aufgabe und mein Anliegen, Grundlagen zu schaffen, durch praktische Erfahrung Erkenntnisse zu fundieren, die der ganzen medizinischen Wissenschaft dienen können.

Ich bin daher der Meinung, daß es gelingen muß, im Rahmen der Psychiatrie bzw. in den psychiatrischen Anstalten solche Einrichtungen zu schaffen, die es fortschrittlich gesinnten Ärzten ermöglichen, die Erfahrungen, die auf dem Gebiet der geistigen Einflüsse gewonnen werden, nach den von mir gegebenen Richtlinien und Anleitungen zu erforschen.

Ich habe schon festgehalten, daß es für die Ärzte unserer Tage nicht leicht sein wird, ihre festgefahrene Auffassung von den geistigen Krankheiten zu korrigieren und neue Wege zu gehen. Sie werden aber erleichtert sein, wenn Sammelbegriffe wie Schizophrenie und Bewußtseinsspaltung nicht mehr zu ihrem Sprachschatz zählen müssen; gewiß um ein Unbehagen weniger.

Es wird ihnen auch in ihrem Verantwortungsbewußtsein entgegenkommen, daß sie nicht mehr Medikamente, wie Psychopharmaka und Schlaftabletten, studieren und verordnen müssen, wenngleich die Bequemlichkeit in ihrer Tätigkeit weitgehend verlorengeht.

Sie werden nicht mehr mit Scheuklappen an den Auswirkungen solcher zerstörenden Methoden vorübergehen, sondern ihren persönlichen Einsatz statt dessen ins Feld führen.

Kaum einer der heute tätigen Psychiater ist davon überzeugt, daß er einen sogenannten schizophrenen Patienten nur mit schweren Betäubungsmitteln geheilt hat. Es gibt Ausnahmen, die aber nur dann vorliegen, wenn das störende Wesen erkennt, daß es fehl am Platz ist und sein Opfer freigibt. Selten für immer, meist nur so lange, als die betäubende Wirkung der Pillen anhält. Man spricht dann von neuerlichem Schub, der eben nach der herrschenden Auffassung bei solchen Geisteskranken unvermeidlich ist und schließt daher eine Heilung von vornherein aus.

Ist aber ein solches Menschenkind einmal als unheilbar befunden, dann glaubt man, das Recht zu haben, alle Mittel anzuwenden, die der Umgebung die Ruhe sichern und die Lebensäußerungen des Patienten auf ein Maß herabsetzen, das ihm seine Lage unüberschaubar, ja selbstverständlich erscheinen läßt.

Das ist gewiß nicht der Sinn und Zweck psychiatrischer Behandlung. Trotzdem will ich den Ärzten, die gezwungen sind, in dieser Weise zu arbeiten, keinen Vorwurf machen.

Der Irrtum liegt nicht bei ihnen, sondern in der Entwicklung der Menschheit überhaupt und in dem Schwanken zwischen den Extremen.

19. KAPITEL

Über die verheerenden Folgen animistischer Lebensauffassung. Bewußtsein und Unterbewußtsein. Jenseitige Hilfe und ihre Grenzen. Ein Beispiel für hilfreiches Eingreifen

Vor langer Zeit sah man in jedem Menschen einen Teufel und der kleinste Fehltritt oder Abweichung von der Norm konnte als Besessenheit bezeichnet und in unmenschlichster Art und Weise, ja mit Scheiterhaufen geahndet werden.

Das war in einer Zeit, da die medizinische Wissenschaft sich um diese Sparte noch nicht angenommen hatte. Als sie sich bemüßigt sah, einzugreifen, da wurde der Stiel umgekehrt und erklärt, es gebe keinen Teufel und keine Besessenheit; was der Mensch tue und wozu er imstande sei, schaffe er selbst oder hole er aus seinem Unterbewußtsein. Die Autorität der medizinischen Schule ließ keine Einwände oder Kritik zu und so blieb es bis heute unbestritten, daß der Mensch ganz allein für sich und seine Taten verantwortlich sei und daß, abgesehen von der Verantwortung, jegliches Verhalten und Tun eben seinen Charakter kennzeichne und seine Persönlichkeit veranschauliche. Das wohl im positiven und negativen Sinn. Höchstens einem Künstler schrieb man Inspiration zu, was beinahe eine Abwertung seiner Fähigkeiten bedeutete, wobei man sich aber doch keine Gedanken darüber machte, woher denn die Inspiration kommen möchte.

Die medizinische Wissenschaft glaubte nun des Pudels Kern gefunden zu haben, ließ keine Abweichung von der rein animistischen Auffassung zu und erreichte damit nicht mehr und nicht weniger, als daß die nach früherer Auffassung Besessenen anstatt am Scheiterhaufen nun in

Irrenhäusern einem langsamen Sterben nach qualvollem Siechtum entgegengehen.
Damit aufzuräumen ist hoch an der Zeit, will die medizinische Wissenschaft und vor allem die Psychiatrie ihre Glaubwürdigkeit nicht vollends verlieren.
Die Wissenschaft - auch die Naturwissenschaft - fordert für jede neue Erkenntnis exakte Beweise. Was berechtigt sie dann wohl dazu, Begriffe in ihren Sprachschatz aufzunehmen, mit denen sie Tatsachen in Verbindung bringt, für die sie eben keine Erklärung findet?
Sie spricht von Unterbewußtsein und behauptet, daß der Mensch befähigt sei, aus diesem Kenntnisse und Fähigkeiten hervorzuholen, die er in seinem irdischen Dasein nicht erworben hat, zu denen ihm die notwendigen Grundlagen überhaupt fehlen.
Es wird gar nicht danach gefragt, ob der Mensch, der zu solchem befähigt ist, überhaupt willens ist, sich in dieser Weise zu manifestieren.
Es gibt nun einmal ein Unterbewußtsein, also darf frisch drauf los alles von dort abgeleitet werden und ob der Mensch will oder nicht, er tut es eben ohne zu überlegen.
So einfach, meine lieben Herren Psychiater, ist die Sache nicht und wenn auch seinerzeit hochangesehene Männer solche Theorien und Hypothesen aufgestellt haben, ihr müßt nicht glauben, für ewig daran gebunden zu sein.
Die bessere Einsicht berechtigt zur Änderung festgefahrener Normen und Lehrsätze. Der Schritt zum Umdenken ist gar nicht so groß oder schwer, wenn man nur zu dem Ergebnis kommt, daß das Unterbewußtsein ein nicht beweisbarer Begriff ist und nur als Ersatz für das angenommen wurde, was eben unter oder außerhalb des Bewußtseins ruht und auf den Menschen Einfluß nehmen kann. Große Männer vergangener Zeit wußten ebenso wie wir heute, daß die ganze Welt ohne die Hilfe geisti-

ger Kräfte nicht bestehen könnte, hatten aber aus vielerlei Gründen weder die Möglichkeit noch den Mut, gegen die eingefleischten Irrtümer der Wissenschaft aufzutreten. Der geringste Widerstand hätte ihr Schicksal besiegelt. So griffen sie zu Umschreibung und Verdrehung, sicher nicht ahnend, wie die Verbohrtheit der Wissenschaft und ihre Blindheit sich an all diese Ersatzbegriffe klammern würde.
Wenn ich nur daran denke, daß man eine Spaltung des Bewußtseins für möglich hält, ohne wohl zu überlegen, was denn das Bewußtsein ist.
Der Irrtum kann nur darauf zurückzuführen sein, daß man Bewußtsein mit Denken verbindet, wonach der Wert eines solchen Bewußtseins zu messen sei.
Ich will es noch einmal in Erinnerung rufen: Unser Bewußtsein ist unser geistiges Wesen, nicht zu verwechseln mit geistiger Tätigkeit, die nur mittels des Gehirns und Nervensystems möglich ist.
Dieses geistige Wesen ist unteilbar, unzerstörbar, ist niemals krank und lebt ewig. Es ist und bleibt das Fundament, der Inbegriff unseres ewigen Lebens, die Lebenskraft schlechthin.
Und da ich sage, daß das Geistwesen niemals krank ist, so kann bei nachweisbar gesundem – ich meine organisch gesundem – Gehirn ein abwegiges Verhalten keine Krankheit sein, sondern eben nur eine von fremder Kraft verursachte Störung.
Da es sich aber um keine Krankheit handelt, muß für die Behebung der Mängel nicht unbedingt der Arzt im üblichen Sinn zuständig sein. Vorzüglich Menschen, die wie mein Medium mit geistigen Helfern in Verbindung stehen, sind geeignet, vielfach ohne Mithilfe eines Arztes die Befreiung herbeizuführen oder doch in schweren Fällen gemeinsam mit einem solchen erfolgversprechend zu arbeiten. Der Versuch, den Menschen von einer

psychischen Last auf dem Weg der Befreiung zu behandeln, birgt keinerlei Gefahren in sich. Wie bei allen Heilungsprozessen ist auch bei der Befreiung von Störungen ein unbedingtes Erfolgsversprechen nicht tunlich. Verschiedene Voraussetzungen müssen erfüllt sein. Vor allem darf der Patient selbst nicht entgegenarbeiten, etwa auf seinen "Doppelgänger" nicht verzichten wollen. Soweit sein Wille frei ist, er nicht einem unwiderstehlichen Zwang ausgesetzt ist, wird er dazu bewogen werden können, den Kampf aufzunehmen.
Meist ist der eigene Wille mehr oder weniger blockiert oder gelähmt, so daß es einer längeren Bemühung des Helfers bedarf, das Selbstvertrauen zu stärken, die eigenen Kräfte zu mobilisieren.
Wie gesagt, liegt jeder Fall anders, aber gemeinsame Richtlinien wie Stärkung des Selbstvertrauens, Beseitigung von Minderwertigkeitsgefühlen, Hebung des Verantwortungsbewußtseins können beachtet werden.
Es ist nicht sinnvoll, einem Menschen zuzutrauen, daß er von einem Tag auf den anderen sein Lebensbild ändert, sich über seine Schwächen klar wird und den Mut findet, ein neues Leben zu beginnen. Erst dann, wenn er verstanden hat, daß sein Verhalten auf fremden Einfluß zurückzuführen ist, er unter Umständen erkennt oder schon weiß, welches Geistwesen - etwa Vater, Bruder oder Freund usw. - seine Lebensäußerungen beieinflußt, lenkt oder stört, erst dann kann und wird er die Abwehr ergreifen und sich zu befreien suchen.
Ich sagte schon an anderer Stelle, daß nur in Liebe und Güte versucht werden soll, die Trennung herbeizuführen. Haß, Zorn und Verachtung schaffen nicht Frieden.
Nur richtiges Verstehen und Verzeihen können bleibenden Erfolg versprechen. Alle dahingehenden Versuche sollen aber stets die gute vertrauensvolle Einstellung zu uns, zu den Helfern aus der jenseitigen Welt einschlie-

ßen, denn ohne unsere Hilfe kann es nur in gut gemeinten Störungen und auch da nur dann Befreiung geben, wenn das stö-rende Wesen ohne unser Zutun seinen richtigen Weg erkannt hat.
Ihr könnt nicht sehen und habt keine Vorstellung davon, in welcher Weise wir eingreifen können und wie wir den Kontakt zu den irrenden Wesen herstellen. Denn alles, was an Fehlleistung vollbracht wird, beruht auf Irrtum.
Nur in hartnäckigen Fällen, in denen auch unser Bemühen, das störende Wesen zur Vernunft zu bringen, erfolglos bleibt, dürfen wir in Tatkraft - wie ich einmal sagte - den Übeltäter entfernen. Ich sagte, daß der Wille des Menschen maßgebend sei für einen Erfolg. Ich will es an einem Beispiel demonstrieren, das uns - ich meine Grete und mir - Gelegenheit gab, diese Fragen in verschiedener Richtung zu beleuchten:
Eine Frau hörte seit vielen Monaten Stimmen, die sie quälten und in ihrem täglichen Leben schwer beeinträchtigten. Darunter - wie sie sagte - auch die Stimme ihrer vor einigen Monaten verstorbenen Mutter.
Sie wurde - wie es in solchen Fällen meist zweckdienlich ist - dazu angeregt und immer wieder aufgefordert, nicht hinzuhören, die Stimmen mit aller Energie abzuweisen und auch ihrer Mutter den richtigen Weg zu weisen.
Nach kurzer Zeit teilte sie mit, daß die Mutter, von der sie ständig Weisungen erhalte, was sie tun müsse - jedoch nur in bezug auf ihre Pflichten als Hausfrau - von ihr gelassen habe und ihre Stimme sich nicht mehr melde. Alle anderen waren aber noch aktiv und quälend. So war es ungefähr ein Jahr gegangen und obwohl die Frau als unbedingt zurechnungsfähig und intelligent zu bezeichnen war, konnten wir nicht erfolgreich eingreifen, obwohl immer wieder entsprechende Gespräche geführt wurden.

Eines Tages meldete sich der Gatte der Frau und berichtete, daß seine Frau nun nicht nur Stimmen höre, sondern in einer Weise bedrängt würde, die nicht mehr tragbar erscheine. Sie würde geschlagen und geboxt, habe blaue Flecken am ganzen Körper und wisse sich nicht mehr zu helfen. Einen Arzt zu Rate zu ziehen, war man nicht gewillt, da sonst nach Meinung des Mannes die Einweisung in eine Anstalt unvermeidbar wäre. Die einzige Hoffnung waren nur wir. Grete hatte die Hoffnung und den Glauben, noch helfen zu können, schon begraben und sich bemüht, im Bedarfsfall ärztliche Unterstützung zu sichern. Aber ich machte ihr klar, daß sie die Dinge nicht so durchschauen könne wie ich von hier und daß ich bereit wäre, der guten Frau die Leviten zu lesen; sie werde mich genau verstehen. Ich schrieb folgende Epistel: Die Dinge sind ganz einfach, auch dann, wenn Sie sie schwer nehmen.Der Grund für die Störungen, die Sie so quälend empfinden, liegt in Ihrer Seele. Ihre Gedanken sind in eine Richtung gedrängt, die fern vom realen Leben in eine Richtung reicht, die Sie nicht fassen können. Der oberste Grundsatz in allen solchen Störungen ist das uneingeschränkte Festhalten an der Materie.

Keiner kann im irdischen Leben sich vom Boden erheben und natürliche Grundgesetze ignorieren.

Es ist für mich eine besondere Freude, daß es Menschen gibt, die mich lieben und meiner Hilfe vertrauen. Trotzdem muß ich stets darauf hinweisen, daß ich nur nebenbei helfen kann und daß der Betroffene selbst die Basis für mein Wirken schaffen muß. Wir beide sind nun auf dem besten Weg.

Sie haben bereits erfaßt, daß ein müder und kranker Körper auch im geistigen Bereich nicht die erforderliche Kraft zur Abwehr negativer Einflüsse besitzt. Also darf ich darum bitten, daß Sie durch eine naturgemäße

Lebensweise meinen Absichten und Bestrebungen entgegenkommen. "Mens sana in corpore sano" sei Ihr Wahlspruch und um diesen zu seinem Recht kommen zu lassen, ist es erforderlich, nach einem konkreten Plan die Ordnung im täglichen Leben zu beobachten, die jede bewußte Betätigung einschließt. Bewußt in positiver Weise ohne Angst und Sorge um die geistige Atmosphäre. Wegdenken von allen Wehwehchen, die noch in Ihrem Innern verankert sind und die ganz von selbst weichen werden, sobald Sie Herr über Ihre Körperkräfte sein werden. Auch dazu gehört Geduld, da ein festgefahrener Karren nicht mit einer kleinen Handbewegung aus dem Sumpf gezogen wird.

Die Abwehr gegen geistige Einflüsse hat Grete Ihnen schon eindeutig und wiederholt klar gemacht. Es ist so, wie sie sagte; es fehlt Ihnen noch an ein wenig Initiative, um im rechten Augenblick die Abwehr ohne die geringsten Zugeständnisse zu finden. Auch das wird bald erreicht sein, nur dürfen Sie sich nicht etwa darauf verlassen, daß der gute Onkel Doktor es schon machen wird.

Ich habe Geduld, aber es hilft mehr, wenn Sie in Ungeduld die Gegner abweisen und nicht noch immer ein Hintertürchen offen lassen. Ihr Wunsch ist mir ja Befehl, doch sollte umgekehrt auch mein Wunsch respektiert werden.

Nun also noch einmal: Erstellen Sie einen Plan zur Gestaltung des täglichen Lebens, in dem Sie Ruhe und Betätigung entsprechend einordnen. Es bringt nicht Kraft und Freude, wenn man die Decke über den Kopf zieht. Zupacken und gerade das in Angriff nehmen, wovon man glaubt, es nicht leisten zu können.

Und noch eines: Sie sind ein gesundes und normal veranlagtes Wesen. Ihre Aufgabe ist es, sich in Ihrer

Familie in gesunder und normaler Art und Weise zu zeigen und zu beweisen.
Es ist weder in der Ehe noch in der Erziehung von Vorteil, wenn nur Rücksichtnahme und Mitleid oder Mitleiden verursacht werden. Es könnte sonst - ich möchte sagen - zu einer Zerreißprobe kommen, wenn auch der Partner noch so sehr in Liebe aufgeht. Auch seine Kräfte sind bald überfordert und Ihre Aufgabe ist es, sie zu erneuern und zu erhöhen.
Im Bewußtsein Ihrer hohen Aufgabe werden Sie den richtigen Weg finden und in Geringschätzung aller Störungen, ohne rechts und links zu schauen, den Weg nach oben und zum Heil der ganzen Familie finden...
Der Inhalt schien sich gar nicht auf diese Frau zu beziehen. Am nächsten Tag aber erschien die Frau ausgeglichen und ruhig, ein völlig verändertes Wesen. Was war geschehen?
Es stellte sich heraus, daß sie sich seit einiger Zeit mit autogenem Training und transzendentaler Meditation befaßt hatte, ohne wohl die richtigen Grenzen zu kennen und zu wahren in der Überzeugung - wie sie sagte -, daß sie nur auf diese Weise eine höhere Reife erreichen könne.
Hätte sie Gelegenheit gegeben, darüber zu sprechen und hätte man ihr die Gefahren dieser Befassung klar machen können, dann wäre außer dem Wunsch, frei zu werden von der Belastung, auch der Wille eingesetzt worden, sich selbst zur Wehr zu setzten und mit beiden Beinen auf dieser Erde zu bleiben. Sie fuhr weitgehend befreit nach Hause und ist dem normalen Leben und ihrer Familie als vollwertiges Mitglied wiedergegeben.
Es ist kaum anzunehmen, daß sie von den ungesunden Experimenten gelassen hätte, wenn ich ohne ihr Zutun die Befreiung herbeigeführt hätte. Durch ihre unrichtige Einstellung hatte sie die störenden Kräfte immer wieder

angezogen. Es siegt eben die Vernunft oft erst, wenn höchste Gefahr im Verzug ist.

Abgesehen von der Befreiung und den Ursachen der Störungen können aber noch einige Begleitumstände erörtert werden.

Einmal das Verhalten der Familie gegenüber, die Ohnmacht - möchte ich sagen - der Umgebung, das Sichfügen und Nachgeben allen Regungen des Patienten.

Wenn auch bei anderen Leiden, zum Beispiel organischer Art, der Patient oft versucht, sich in Szene zu setzen, sich bemüht, die Umgebung mit seinem Leiden zu beherrschen, Mitleid zu erregen, sich und andere mitleidend macht, so liegt es doch vorwiegend bei den Nächsten selbst, ob sie die übertriebenen Forderungen, die Rücksichtnahme und Nachsicht auf sich nehmen wollen oder nicht.

Den geistigen Störungen gegenüber fühlen sich die Nebenstehenden machtlos und ratlos nicht nur aus Furcht, ebenso gestört zu werden, sondern einfach deshalb, weil eine Kraft zwischen den Beteiligten entsteht, über die sie nicht hinwegkommen.

Darum erkennt man oft nach Befreiung von einer Störung, daß zum Beispiel zwischen Ehegatten ein innigerer Kontakt entsteht, den sie sich dann nicht erklären können, daß Harmonie an Stelle der Dissonanzen tritt und das Überstandene bald vergessen wird.

Auch daran muß ich aber anschließen. Es ist wohl wünschenswert, daß erlittene Unbill vergessen wird; nicht übersehen darf aber werden, daß in vielen Fällen die Bereitschaft zur Aufnahme fremder Kräfte bestehen bleibt und daß daher mit großer Sorgfalt und Aufmerksamkeit alles vermieden werden muß, was zu einer Wiederholung der Belastung führen könnte.

Im Zusammenhang mit dem oben geschilderten Fall schrieb ich daher tags darauf dem Gatten unter anderem

folgendes:...Sie werden erkennen, daß auch Sie selbst den Mut haben müssen, die Zügel in die Hand zu nehmen und nicht aus Nachsicht und Bequemlichkeit alle Fünfe gerade sein zu lassen. Ihre Güte und Liebe muß auch Grenzen haben. Nicht immer ist es angebracht, auszuweichen. Liebe soll Belohnung sein und nicht gefordert werden dürfen.
Das gute Mädchen hat ja meine Epistel so grundsätzlich verstanden, daß es keiner Ergänzung mehr bedarf. Es wäre lediglich wünschenswert, daß eine Kräftigung des Organismus herbeigeführt wird. Noch ist die Überzeugung von der bleibenden Befreiung nicht voll gefestigt. Wenn aber etwa der Wunsch nach geistiger Kommunikation sich wieder zeigen sollte, dann dürfen Sie ganz energisch protestieren.
Es muß nämlich bedacht werden, daß der Mensch, der längere Zeit mit fremden Wesen Verkehr gepflegt hat, nach der abrupten Befreiung eine gewisse Leere im Innern empfindet. Sie muß behoben werden durch einen guten Ausgleich oder besser gesagt einen Ersatz. Ein solcher ist am besten in harmonischer Verbindung mit dem guten, geliebten Partner zu finden. Ich möchte also sagen, Sie sollen mehr als sonst Gespräch und Befassung mit ihr suchen. Die Brücke ins reale Leben soll sie in Ihnen finden...
Die einer Befreiung folgende Betreuung bedarf also einer besonderen Beachtung, will man nicht in die gleiche Lage versetzt werden wie heute die Psychiatrie, die gezwungen ist, zahlreiche Patienten immer wieder aufzunehmen, in der Meinung, man könne nicht mehr erreichen als von einem zum anderen Mal beruhigen, dämpfen und betäuben.
Es ist gar nicht so schwer, wenn man sich bemüht, die gegebenen Umstände zu sondieren, entweder eine ambulante Behandlung nach Beendigung der stationären auf-

rechtzuerhalten oder – und das halte ich für das Wichtigste – die Umgebung oder Familie zu richtigem Verhalten zu veranlassen.
Es ist nicht immer nur ein Veranlassen. Es ist vielfach Erziehung in weitestem Sinn erforderlich, da wir nicht übersehen dürfen, daß geistige Störungen oftmals von der nächsten Umgebung ausgehen. Sehr deutlich konnten wir es in dem Fall feststellen, wo der verstorbene Onkel sich an seine Nichte klammerte, weil er sie vor allen in der Familie liebte. Der Ausgangspunkt lag bei seiner Schwester, die wohl auch durch seinen Selbstmord in Depression verfallen war. Der stärkere Kontakt bot sich ihm aber bei dem jungen Mädchen. Natürlich ist es für den irdischen Menschen schwer, die Zusammenhänge so einwandfrei festzustellen. Es schadet aber nicht, alle Möglichkeiten in Betracht zu ziehen und die notwendigen Konsequenzen daraus abzuleiten.
Immer wieder will ich aber betonen, daß nur Liebe und Güte zielführend sein können. Vorwürfe, Verurteilungen und Mißachtung wegen Unvermögens sind grundsätzlich zu vermeiden.
Nur allgemeine Richtlinien sind es, die ich hier andeuten kann. Konkrete Handhabung kann nur im Einzelfall gewonnen werden.

20. KAPITEL

Übertragbarkeit geistiger Störungen von einer Person auf eine andere. Erziehung zu grundlegendem Umdenken, abgeleitet aus praktischer Erfahrung

Sehr häufig ist die Ursache für eine geistige Störung im Gefühl verankert, das dominierend das verstandesmäßige Erfassen einer Situation verhindert. Negative Gefühle, Gefühle der Unsicherheit und mangelndes Selbstvertrauen lassen den Wunsch nach einer Hilfe aufkommen, die der eigenen Verantwortung und eigenen Entscheidung enthebt.

Solche Hilfen kommen aber nicht von guten geistigen Kräften, da sich diese wohl bewußt sind, daß der Wille des Menschen frei sein muß. Mindere Kräfte haben wohl auch zum Teil das Bestreben, in gutem Sinn zu helfen, erreichen aber damit nur das Gegenteil.

Viel Ungemach könnte vermieden werden, wenn echte Erziehungshilfen für Eltern und junge Menschen geschaffen würden, die imstande wären, den Menschen ein wahres Weltbild zu vermitteln, den Sinn und Zweck des Lebens glaubhaft vor Augen zu führen und so die Suche nach falschen Hilfen als sinnlos erscheinen zu lassen.

Es genügt nicht, nur eine gute Lektüre anzubieten, zu der ich wohl meine Schriften in diesem Rahmen zählen darf. Es gehört dazu ein gutes Gespräch, die Vertiefung der gedruckten Gedanken.

Jeder Mensch hat seine eigene Auffassungsgabe und ist bestrebt, in allem die Bestätigung für die Richtigkeit seiner Auffassung zu finden. Und es läßt sich alles nach eigenem Ermessen auslegen. Die grundlegendsten Wahrheiten können umgemünzt und verdreht werden.

Menschen aber, die das Bestreben haben, sich selbst zu erkennen und ihre Existenz auf eine höhere Basis zu stellen, müssen geführt und geleitet werden. Es muß ihnen die Möglichkeit gegeben werden, ihre Gedanken auszubreiten, darüber mit Gleichgesinnten zu diskutieren. Nur auf diese Weise kann ein bleibendes Fundament geschaffen werden, auf dem sie selbst und ihre Nachkommen weiter aufbauen können.

Denn, wie ich schon einmal sagte, kann die Welt nicht von heute auf morgen geändert oder verbessert werden. Es ist ein Prozeß von langer Dauer. Nur ein winziges Schärflein können und wollen wir dazu beitragen.

Denn noch ist die Materie stärker als der Geist, wenn auch nur im irdischen Dasein. Eine Ausgewogenheit zwischen beiden zu finden, ist aber schon jetzt erreichbar.

Ich darf mit Genugtuung feststellen, daß durch die Lektüre meiner Schriften schon recht viele Menschen ihre Einstellung zum Leben korrigiert haben, daß sie Mut und Zuversicht daraus geschöpft und die Angst und Furcht vor dem verloren haben, was nach dem Abschied von der materiellen Welt auf sie wartet.

Ganz besonders ist aber das Umdenken notwendig und erforderlich in Kreisen, die unter dem Einfluß geistiger Kräfte stehen, die dazu angetan sind, nicht etwa nur ganz unbewußt ihre Lebenskraft zu steigern oder zu erhalten, sondern sie in einer Weise beeinflussen, daß sie ihre Lebensäußerungen nicht nach eigenem Willen lenken und steuern können.

Zeigt sich also in einem Gemeinschaftsverband, in Familie oder Freundschaftskreis ein abnormes Verhalten bei einem der Mitglieder, dann darf nicht nur der Fall als solcher betrachtet werden, sondern alle Beteiligten. Es ergibt sich meist dabei, daß auch andere in Mitleidenschaft gezogen oder sogar der Ausgangspunkt für die offen zutage getretene Störung eines Menschen sind,

es aber infolge eines stärkeren eigenen Willens zurückzudrängen und zu verheimlichen wissen.
Ganz besonders wirken sich Störungen aus, die durch Befassung mit medialen Dingen - ich meine aktive Befassung - oft auf die Umgebung übergreifen, weil der selbst Tätige nur die Kräfte anzieht und diese sich ihre Opfer in der Umgebung suchen.
Ein Mann zum Beispiel befaßt sich mit Magie, arbeitet den ganzen Tag und kommt mit seinem geistigen Anhang nach Hause. Er hat zwar manchen Menschen - wenn auch nur vorübergehend - helfen können, seine Belastungen ladet er aber auf seine Frau ab, die zurückprallt vor der Wucht der Kräfte, die sich auf sie richten. Nur das Wissen von den Zusammenhängen macht es ihr möglich, sich dagegen zu wehren, wenngleich sie dadurch oft lange Zeit unter Depressionen leidet. Dies nur als ein Beispiel für die Übertragbarkeit von geistigen Störungen.
Ebenso darf aber auch in positivem Sinn geschlossen werden, daß eine Übertragung guter Kräfte bewirkt werden kann. Trifft man mit einem von positiven Kräften betreuten und mit diesen verbundenen Menschen zusammen, so kann bei richtiger Öffnung und Bereitschaft die wohltuende Strahlung empfunden werden, die von diesem Menschen ausgeht.
Solche Menschen müssen gefunden werden zur Befreiung und Betreuung von geistig Gestörten und ihrer Umgebung.
Das Milieu, sagte ich, ist oft der Ausgangspunkt für eine geistige Störung. Was umfaßt dieser Begriff? Im irdischen Leben die Familie, die Freunde, die beruflichen Kontakte und je nach Lebensart und Gewohnheit, Reichtum oder Armut auch die rein materielle Umgebung.

Alle diese Faktoren sind oder können richtunggebend sein für die Entwicklung eines Menschen.
Von meiner Warte aus gesehen sind aber noch weit mehr Komponenten maßgebend, die eben nur im geistigen Bereich liegen, ihren Einfluß aber ungehindert auch im materiellen Bereich geltend machen können.
Ich sagte schon an früherer Stelle, daß auch im Jenseits Gesetze gegeben sind, daß aber wie im Irdischen Befolgung und Übertretung möglich sind.
Übertretung aus Unwissenheit und Irrtum, aber auch aus bösem Willen, der ja auch auf Irrtum und Unwissenheit beruht.
Gegen Unwissenheit und Irrtum gibt es als unfehlbares Mittel die Aufklärung, da ein guter Wille zur Umkehr oder zum Fortschritt angenommen oder erreicht werden kann.
Aufklärung ist auch das Wichtigste bei Wesen, die in böser Absicht Unruhe stiften und Unheil anrichten. Wenn es auch nicht immer beim ersten Versuch gelingt, so ist doch mit Geduld und Nachsicht schon viel erreicht worden.
Wie das in der geistigen Kommunikation vor sich geht, ist nicht sinnvoll, beschreiben zu wollen; es gelten aber die gleichen Grundsätze auch im Irdischen und sie will ich zur Übung empfehlen. So wie also im materiellen Bereich minderentwickelte Menschen ihre Umwelt in Gefahr bringen können, so sind auch Kräfte aus dem Jenseits imstande, den in der Materie inkarnierten Geisteswesen Schaden zuzufügen und sie zu stören oder völligen Besitz von ihren materiellen Organen zu ergreifen.
Ärzte und andere Helfer der Menschheit müssen sich dieses Wissen so zu eigen machen, daß der Umgang mit gestörten Wesen ihnen nicht mehr bedeutet als der Verkehr mit den Menschen ihrer Umgebung.

Die Selbstverständlichkeit der Zusammenhänge muß ihnen in Fleisch und Blut übergehen und eine konkrete Auffassung von den möglichen Einflüssen wird ihnen die Sicherheit und Ruhe verleihen, die sie benötigen, um nicht selbst in die Störungen hineingezogen zu werden. Manche werden ohne besondere Übung mit Gleichmut und ohne Hemmungen den schwersten Fällen entgegentreten, andere werden die richtige Einstellung unschwer finden, wenn ihre ärztliche Tätigkeit ihnen Berufung und nicht nur Beruf bedeutet.

Es ist - das dürft ihr mir glauben - das schwierigste Gebiet, wenn wir es und so weit wir es in den Rahmen der Psychiatrie, also der medizinischen Wissenschaft, stellen und bedarf einer besonderen Auswahl der damit befaßten Kräfte, wenn nicht alles Bemühen in den alten Schlendrian - möchte ich sagen - zurückfallen soll.

Wie kann aber eine richtige Auswahl getroffen werden? Sie ergibt sich - möchte ich sagen - von selbst.

Die Tätigkeit des Psychiaters ist niemals sehr freudvoll gewesen; sie hatte aber den Vorteil, daß großes Wissen und eigene Verantwortung keine große Rolle spielten, besonders da, wo man eben genötigt war, alle Fälle geistiger Störung zu den unheilbaren zu rechnen. Denn die Unkenntnis von den wahren Zusammenhängen zwang zu dieser Annahme, und es ist nicht die Schuld der Ärzte, daß dadurch so viel Unheil angerichtet wurde, sondern einzig und allein der allgemein gültigen Auffassung von der Geisteskrankheit, also der irrigen Lehrmeinung weit zurückliegender Zeit.

Kein Psychiater muß daher befürchten, für Fehldiagnosen zur Verantwortung gezogen zu werden. Sträflichen Leichtsinn und Unterlassungssünde müßte man es aber nennen, wenn trotz besserer Einsicht und fortschrittlichen Denkens an den alten Normen festgehalten wird.

Pioniere der psychiatrischen Wissenschaft werden den Mut haben, ihre neuen Erkenntnisse offen auszubreiten und neue Wege zu beschreiten.
Hand in Hand mit dem Fortschritt auf wissenschaftlichem Gebiet muß aber die Aufklärung im allgemeinen gehen. Angefangen bei den Menschen, die in ihrem engsten Kreis mit psychisch gestörten Menschen zusammen leben bis hinauf zu allen Sparten der Wissenschaft wird ein Umdenken erforderlich.
Eine einschneidende Änderung wird dadurch erreicht werden, daß die Naturwissenschaft sich bereit finden wird, von der Forderung nach sogenannten exakten Beweisen abzugehen und die Forschung mehr und mehr auf Glauben aufzubauen und die Erfahrung in den Vordergrund zu stellen. Es sind schon Bewegungen in dieser Richtung im Gange, weil eben der menschlich irdische, also materiell gebundene Geist, an Grenzen stößt, die er sehr wohl empfindet und erfaßt, über die er aber in seinem dreidimensionalen Denken nicht hinaus kann. Er kann es auch dann nicht, wenn er bereit ist, umzudenken, aber er wird Dinge verstehen, vor denen er heute noch fassungslos und hilflos steht.
Die psychiatrischen Erkenntnisse, wie ich sie vermitteln darf, sind nur ein geringfügiger Teil der großen im Gang befindlichen Umwälzung in der Wissenschaft. Und was noch als großer Erfolg wird gewertet werden dürfen, ist die Veränderung der Auffassung in bezug auf den Rang und Wert des menschlichen Wesens im Zusammenhang mit dem All. Für Überheblichkeit und Größenwahn ist dann kein Raum mehr vorhanden.
Besonders in den letzten Jahrzehnten ist die Menschheit durch den Fortschritt der Technik in eine Richtung getrieben worden - möchte ich sagen -, die keinen Raum für Beschaulichkeit und Insichgehen läßt.

Gegenströmungen haben vielfach in übertriebener Form weit übers Ziel hinausgeschossen und falsche Werte an die Stelle der hergebrachten gesetzt.
Verwirrung ist die Folge und Ratlosigkeit, weil der goldene Mittelweg so schwer zu finden ist. Darum tut nüchterne Aufklärung not. Nur sie wird Befreiung bringen und dem menschlichen Leben wieder den Wert geben, den es haben soll.
Um auf unser spezielles Gebiet zurückzukommen, wollen wir betrachten, wo und wie damit begonnen werden soll. Nicht etwa auf Grund wissenschaftlicher Abhandlungen, sondern nur aus praktischer Erfahrung abgeleitet.
Wenn der Arzt einmal erkannt hat, daß ein Patient von fremder Kraft gestört ist, wird er vor allem das Milieu in seine Betrachtung ziehen und untersuchen, wie weit dort ein Grund gegeben sein kann.

21. KAPITEL

Spuk als Ursache von Angstneurosen. Zwang durch fremde Stimmen. Falsches Suchen nach Auswegen, fremde Lehren. Verantwortung für die Nachwelt

Geistige Störungen haben stets einen bestimmten Ausgangspunkt. Ein solcher kann im materiellen Bereich liegen, aber auch rein auf geistiger Ebene.

Es gibt Örtlichkeiten, an denen geistige Kräfte aus bestimmten Gründen festhalten, sich daran klammern in der Meinung, noch dort leben zu können. Sie beunruhigen die Menschen der Umgebung, sind unglücklich oder böse, weil sie von diesen nicht akzeptiert werden. Und ist nun ein Mensch aufnahmebereit oder wie man zu sagen pflegt entsprechend medial, dann kann es geschehen, daß ein solches Wesen sich an ihn klammert und Besessenheit verursacht.

Hat man einen solchen Sachverhalt annähernd konkretisieren können, dann kann mit unserer Hilfe bei den fremden Wesen Ordnung gemacht werden.

Solche Fälle sind häufig zu finden nach Kriegen, wo durch plötzliche Zerstörung von Wohnstätten Menschen aus dem Leben gerissen werden, so daß sie nicht erkennen können, die materielle Welt verlassen zu haben. Vielfach sind sie dann bestrebt, sich bemerkbar zu machen, etwa durch Klopfzeichen oder aber sie suchen Hilfe bei Menschen, deren Strahlung der ihren adäquat ist.

Ich bin überzeugt, daß nach der Lektüre dieser Zeilen mancher erkennen wird, wo die Ursache der unerträglichen Unruhe in seinem Hause liegen kann. Solche sogenannte Spukgeschichten sind kein Scherz, sondern haben einen ernsten und oft schwerwiegenden Aspekt.

Sie sind der Ausdruck von Not und Angst und spiegeln sich wieder in der Psyche der Betroffenen. Ein neuer Weg zur Erklärung von Angstneurosen. Je nach der Hartnäckigkeit des Anhanges kann eine Befreiung von der Störung schon allein durch einen Milieuwechsel erreicht werden. Oftmals aber ist der Konnex so stark, daß die Störung mitwandert, und dann bedarf es einiger Mühe, Ruhe zu schaffen.

Solche Störenfriede müssen in keinerlei Zusammenhang mit dem Gestörten stehen - ich meine, es muß nicht Verwandtschaft oder sonstige irdische Bindung vorliegen - und es ist daher in solchen Fällen nicht leicht, das störende Wesen zu identifizieren.

Anders bei solchen, die in ihrem irdischen Leben mit den gestörten Menschen in engem Kontakt gelebt haben, etwa in der Familie oder als gute Freunde. Sie sind oft bestrebt, sich zu erkennen zu geben und zwingen ihre Opfer entweder, ständig an sie zu denken, erscheinen ihnen im Traum oder machen sich durch Stimmen bemerkbar.

Stimmenhören ist ein eindeutiger Hinweis auf geistige Störung, denn kein Mensch ist imstande, selbst Stimmen in sich zu erzeugen. Die Aufnahme von fremden Stimmen kostet aber Kraft und bei solchen Patienten muß das Bestreben darauf gerichtet werden, die Wertlosigkeit der dadurch empfangenen Mitteilungen einzuprägen und die Abwehr dagegen zu mobilisieren. Nicht immer eine leichte Aufgabe. Denn entweder hat der Patient nicht den Mut, die Stimmen abzuweisen, glaubt etwa, verpflichtet zu sein, aus Höflichkeit sie aufzunehmen oder aber er ist glücklich, die wenn auch sehr fragwürdige Verbindung zu einer ihm früher nahe gestandenen Person gewonnen zu haben.

Jenseitige Wesen nützen oftmals das Geltungsbedürfnis der Menschen aus, geben ihnen ein, auserwählt zu sein

und zu Höherem bestimmt, geben Befehle, die undurchführbar sind und beschimpfen oder quälen ihre Opfer, wenn sie nicht auf ihre Forderungen eingehen.
Das sind nur einige Beispiele, die aber in Wahrheit nur widerspiegeln, was im täglichen Leben unter lebenden Menschen ebenso geschehen kann. Nur mit dem Unterschied, daß man den irdischen Quälgeist sieht und sich eher zu wehren weiß, während man sich geistigen Kräften gegenüber machtlos fühlt, wenn man überhaupt erkennt und weiß, daß es sich um solche handelt.
Dieses Erkennen ist nicht nur wichtig für den Betroffenen selbst, es muß die Umgebung ebenso wissen, wo die wahren Ursachen für ein Versagen liegen. Denn bei der noch herrschenden animistischen Lebensauffassung wird jedes abwegige Verhalten dem Menschen selbst zur Last gelegt und zum Vorwurf gemacht.
Vorhaltungen und Belehrungen gehen aber an der Wahrheit vorbei, sie treffen und kränken aber sehr oft den Belasteten, der genau weiß, daß sein Verhalten nicht gewollt und beabsichtigt war.
So wohl nur in Fällen, wo die Beurteilung der Lage noch im Bereich des Möglichen liegt.
Tadel und Rüge veranlassen aber mehr noch zum Festhalten an der fremden Kraft, weil in der völligen Hilflosigkeit und allein gelassen in seiner Not, diese Last noch einen Halt zu bieten scheint.
Zur Befreiung davon ist also auch die nächste Umgebung zu unterweisen. Sie muß in den meisten Fällen zu einem Umdenken veranlaßt werden, damit die Bemühungen der guten Helfer nicht behindert oder gar unmöglich gemacht werden.
Diese Umerziehung sollte gründlich geschehen, am besten durch regelmäßige Vorträge oder Gespräche.
Die Lebensweise der Umgebung gibt oft einen Anhaltspunkt für die Ursache der Belastungen bei Personen, die

sich in dieser bewegen. Wenn sich zum Beispiel der Vater, der ja den stärksten Einfluß auf die Familienmitglieder ausübt, regelmäßig in spiritistischen Kreisen aufhält, eigene mediale Fähigkeiten bei sich entdeckt und nun mit dieser Einstellung nach Hause kommt, so kommen mit ihm Kräfte, die sich unter Umständen an unbeteiligte Familienmitglieder hängen und eben da zur Geltung kommen wollen.

Das kann kein irdischer Mensch durchschauen und erfassen, aber er kann solche Gefahren meiden, seine Umgebung nicht fremden Einflüssen aussetzen wollen.

Die Schuld muß aber nicht gerade in der nächsten Umgebung liegen. Die Unsicherheit im Leben, die Furcht vor dem Versagen, aber auch falsches Geltungsbedürfnis und sonstige Schwächen führen zur Suche nach einem Ausweg aus der Sackgasse und da bedarf es oft nur eines zarten Winkes von Freunden und Gleichgesinnten, sich einer Bewegung anzuschließen, die den Himmel auf Erden verspricht und das Interesse am Außergewöhnlichen weckt und nährt. Anstatt mit beiden Beinen auf dieser Erde zu bleiben und sein materielles Leben zu meistern, steigert man sich in eine Rolle des Auserwähltseins und verliert den Blick für die Realität. Östliche Weisheit wird über alles gepriesen, aber auch nicht verstanden und die Abkehr vom normalen Leben als das Erstrebenswerteste und einzig Richtige angesehen. Not und Krankheit sind dann die Folge, Entfremdung im eigenen Land und damit die Suche nach Halt an falschen Göttern.

Solche Einstellung öffnet aber Tür und Tor, nicht nur das, sie zieht unrichtige Kräfte an, denen ein Nährboden bereitet ist für unbehinderte Betätigung zum großen Nachteil der so irrenden Menschen. Ich sagte schon einmal, daß die ganze Welt, ja das Weltall in Zonen geteilt ist, deren jede ihre eigenen Strahlen aussendet und die ihr adäquaten empfängt. Gegen diese Tatsache kann niemand ankämpfen, sie ignorieren oder leugnen, denn die verschiedenartige Entwicklung der Völker wie der Religionen und geistigen Strömungen beweist die Richtigkeit dieses Sachverhaltes.

Und wenn man geneigt ist, anzunehmen, daß die aus dem Osten importierten Lehren ein höheres Niveau beweisen als unsere im Westen gewonnenen Erkenntnisse, dann müßte man dazu raten, auf dem eigenen uns entsprechenden Niveau weiter zu bauen und nicht zu glauben, daß man eine Sprosse auf der Leiter nach oben auslassen oder eine Stufe überspringen dürfe.

Aber seid getrost, die Lehren des Westens sind so gut wie die des Ostens, nur realistischer und lebensnaher.

Lebensnah heißt nicht, daß man damit besser und leichter lebt oder den Sinn des Lebens anders versteht als nach fremden Lehrsätzen; es bezieht sich nur mehr auf unsere Aufgaben im Irdischen und will nicht glauben machen, daß es das Bestreben des Menschen sein soll, sich schon in der Materie über sie hinauszuheben und sie geringzuschätzen.

Wir wollen in und mit der Materie richtig leben, sie – wie ich schon einmal sagte – nutzen und genießen, sie aber als gemeinsam zu verantwortende Gabe Gottes erkennen und pflegen. Nach uns die Sintflut, ist ein falscher Standpunkt; denn auch wir, die keine Rücksicht auf die nachkommenden Geschlechter nehmen, müssen eines Tages die Früchte unserer Irrtümer und Fehler genauso genießen in späteren Inkarnationen. Der Mensch entgeht eben seinem Schicksal nicht, dem Schicksal, das er sich selbst bereitet hat.

Wenn wir aber verhüten und verhindern wollen, daß fremde Lehrer unserer Jugend und den nach einem Ausweg Suchenden die Köpfe verdrehen, vielfach sicher gut gemeint, aber oft auch unter falschem Vorzeichen, dann müssen wir ihnen einen Ersatz bieten, der ihrer natürlichen Auffassungsgabe entgegenkommt, sie aufhorchen läßt und ihnen hilft, den Lebensweg richtig zu meistern. Ich darf mir zurechnen, daß die Schriften, die ich zu Papier gebracht habe, eine geeignete Grundlage darstellen zu einer guten Selbsterziehung. Dazu müssen die Menschen vor allem angeregt werden, weil nur jedes Individuum für sich und an sich richtig arbeiten und formen kann.

Die Umgebung, die Erzieher verstehen darunter die Formgebung aus eigener Sicht ausgehend von dem geistigen Standard, der ihnen eignet.

Jedes Individuum muß die Möglichkeit haben, auf seinen geistigen Grundlagen aufzubauen und es wird die besondere Aufgabe guter Ärzte und Erzieher sein, darauf Bedacht zu nehmen und die Qualität oder geistige Reife der ihnen anvertrauten Menschen zu erforschen. Besonders dann wird diese Aufgabe im Vordergrund stehen, wenn geistige Störungen ein Urteil in dieser Richtung erschweren.

In den meisten Fällen solcher Belastungen können Zeitspannen festgestellt werden, in denen keine Störung wirksam ist, so daß ein Einblick in das wahre Wesen des Menschen möglich ist. Die Praxis wird entsprechende Erfahrungen bringen.

22. KAPITEL
Vom irdischen Tod und den Folgen mangelnden Wissens

Ein sehr großer Teil geistiger Störungen und seelischer Belastungen resultiert aus der unrichtigen Auffassung vom Sterben und den damit verbundenen Folgen. Der Abschied von der materiellen Welt ist eine Voraussetzung für unser Leben. Wüßten wir nicht, daß unser Aufenthalt im Irdischen zeitlich begrenzt ist, dann würden wir kaum den Ehrgeiz aufbringen, so rasch wie möglich uns geistig und seelisch zu entwickeln, uns ein Ziel zu setzen in unserer materiellen Existenz.
Das Streben aber nach Reife und Entwicklung ist in jedem Individuum verankert, nur ist uns die Voraussicht nicht gegeben, wann wir für diesmal am Ende sind. Und auch das ist weise eingerichtet. Von irdischer Warte betrachtet wird es als ein Unglück verstanden, wenn es einem Menschen nicht gegönnt war, das selbst gesteckte Ziel zu erreichen. Die Betrachtung ist so menschlich irdisch begrenzt, einseitig und rein materiell.
Denn was ein Mensch im irdischen Leben, im materiellen Rahmen erreicht, ist viel weniger maßgebend als der Fortschritt in der Bildung der Persönlichkeit. Und den kann die Umgebung sehr selten erfassen, denn er hängt mit dem Programm zusammen, das der Mensch bei seiner Inkarnation mitgebracht hat und das er selbst erst wieder erkennt, wenn er die materielle Welt verläßt.
Die Mitmenschen aber beginnen nach seinem Abschied zu forschen, wie war er wirklich, was für ein Mensch ist er gewesen und – Ihr dürft mir glauben – es ist sehr selten ein richtiges Urteil.
Aber nicht nur das. Der Verlust eines sichtbaren Kontaktes, das Zerreißen, wenn auch nur das vermeintliche

Zerreißen einer Verbundenheit lassen nicht zur Ruhe kommen und veranlassen oft zu dem Bestreben, auf irgendeinem Weg die Kommunikation noch einmal herzustellen. Die Gedanken sind vom Morgen bis zum Abend nur darauf gerichtet, man findet keinen Ersatz, um die Lücke im täglichen Leben zu füllen. Vorerst eine rein menschlich verständliche Regung und entschuldbar. Die Unwissenheit von den wahren Zusammenhängen ist es, die es eben den Menschen schwer macht, die richtige Einstellung dazu zu finden. Die Trauer aber, in die sie sich hineinsteigern, zieht ihre guten Verstorbenen an; sie wollen helfen und trösten, müssen aber erkennen, daß sie dazu nicht imstande sind. Sie hängen sich aber doch an die Seele des Trauernden und verursachen Depression, Bedrückung und Mutlosigkeit. Wie an verschiedenen Beispielen gezeigt, kann ein solches Bemühen bis zum Selbstmord führen.

Aber auch abgesehen von der Trauer als Ursache kann der Einfluß eines abgeschiedenen Wesens auch dann noch bestehen bleiben, wenn er eine Fortsetzung – möchte ich sagen – des Verhältnisses zueinander in irgendeiner Weise bedeutet.

Ein Sohn oder eine Tochter, die stets daran gewöhnt waren, nur nach Weisung und Rat der Mutter zu tun und zu lassen, die nicht gelernt haben, selbst zu entscheiden und Verantwortung zu tragen, stehen nach deren Abschied hilflos vor einem Lebensweg, den zu gehen sie sich nicht stark genug fühlen. Sie erbitten Hilfe von ihrer Mutter aus dem Jenseits, wollen auch weiterhin gelenkt und geführt werden und ahnen nicht, daß sie sehr wohl in der Lage wären, ihren eigenen freien Willen einzusetzen. Auf der anderen Seite sieht die Mutter die Hilflosigkeit ihres Kindes und hängt sich an dieses, übt ihre Herrschaft weiter aus, ohne zu ahnen, daß sie damit mehr Schaden anrichtet, als sie helfen kann. Herrschaft über einen Menschen im Irdischen hat wohl Einschränkung der persönlichen Freiheit zur Folge, muß aber nicht Nachteile für die Entwicklung im materiellen Bereich bedeuten.

Anders bei der Beherrschung durch geistige Kraft. Sie spricht nicht nur den Verstand des Betroffenen an, sondern beeinflußt den ganzen Organismus, stört das Gleichgewicht, das die eigene Lebenskraft bewirken soll und verursacht dann in den meisten Fällen Störungen in den Organfunktionen und dadurch wiederum Belastung von Seele und Geist.

Nach der Befreiung bzw. Einsicht des geistigen Wesens, daß sein Tun nicht wünschenswert und erlaubt ist, kann ein Aufleben, eine positive Lebenseinstellung bei dem Patienten Platz greifen und völlige Genesung erreicht werden.

Behandelt man in einem solchen Fall nur das angegriffene Organ, so wird man wohl in dieser Richtung Heilung erreichen können, aber damit rechnen müssen, daß in Kürze neue Beschwerden auftreten. Hier trifft der Umstand zu, daß eben jede Krankheit ihren Sitz in der Seele hat und diese mit in Betracht gezogen werden muß, wenn man wahrhaft helfen will.

Hilfsbereitschaft ist also die eine Seite; nicht weniger störend und schädlich sind Störungen, die auf Bosheit oder Rachsucht beruhen. Die Ursachen können nur selten im irdischen Leben gefunden oder erklärt werden. Wir bringen ja mit, was aus vergangenen irdischen Existenzen unbereinigt und unbewältigt geblieben ist.

Das bedeutet aber nicht, daß man sich deshalb mit einer solchen Belastung abfinden müsse, daß sie eben karmisch bedingt sei und daher der Kampf dagegen sinnlos.

Niemand kann ergründen, weshalb ein Geistwesen einen Menschen befällt und vor allem darf aus der Schwere der Belastung nicht etwa der Schluß gezogen werden, daß der Befallene eben für Vergehen in einer früheren Existenz büßen müsse und man ihm diese - ich möchte sagen - Möglichkeit, seine Schuld abzutragen, nicht nehmen dürfe.

Zur Hilfeleistung sind wir zu jeder Zeit und in jedem Fall berechtigt und verpflichtet und eine Ausrede, ein Leiden sei eben karmisch bedingt, da sei die Hilfe nicht erlaubt, darf es im Sprachschatz eines Helfers nicht geben.

Eine noch viel schlimmere Auslegung besteht darin, daß man - und das ist leider in konfessionellen Kreisen manchmal der Fall - einfach behauptet, ein Mensch müsse erst durch die Hölle durch, um dann als reiner Engel oder als Braut Christi vor den Herrn treten zu dürfen. Mit solchen Argumenten kann man natürlich niemals Herr der Lage werden; eine solche Auffassung kann nur als religiöser Wahn bezeichnet werden und läßt den Schluß zu, daß eben der um die Befreiung Bemühte oder damit Befaßte selbst in die falsche Gasse geraten ist und den Blick für die Realität verloren hat.

Vermutungen anzustellen, ist gefährlich und bringt leicht vom geraden Weg ab. Feste Behauptungen aufzustellen muß vermieden werden, wenn sie nicht sehr naheliegende und selbstverständliche Hinweise ins Feld führen können.

Dazu ist noch wert zu berücksichtigen, daß Bosheit und Rachsucht, wenn sie noch so sehr gerechtfertigt scheinen, menschliche Regungen sind, die bekämpft werden müssen und daß es daher sowohl für den von solchen Wesen Betroffenen als auch für das solche Eigenschaften zeigende Geistwesen berechtigte Hilfe bedeutet, wenn es gelingt, sie zu trennen.

Nicht mit Gewalt erfolgt die Trennung durch uns, wie ich schon einmal erklärt habe, sondern durch Belehrung und Aufklärung in Güte und Liebe.

Es wird euch oftmals schwer fallen, ein solches Verhalten von unserer Seite mit schweren Tobsuchtsanfällen, wie sie sich vor euren Augen abspielen, ein Einklang zu bringen. Ihr sollt aber ebenso bemüht sein, in jedem Menschen die guten Grundlagen zu nähren und Fehlhaltungen zu überwinden helfen, ohne zu verurteilen und zu strafen.
Tiefgreifend sind die Änderungen, die die Befassung mit diesem Gebiet von den Beteiligten verlangt, aber wohltuend und befreiend wird sie jeder empfinden, wenn er auf diese Weise sich mit dem Unendlichen verbunden fühlt, sein Leben und Wirken auf eine höhere Ebene stellt und Sicherheit und Geborgenheit aus dem Einfluß guter Helfer aus dem Jenseits gewinnt. Ihr gewinnt sie, ohne daß ihr sie wünscht oder gar fordert; sie müssen die natürliche Folge eures Verhaltens, eurer Einstellung zu uns sein und finden ihren Ausdruck im furchtlosen Vorgehen und in dem Selbstvertrauen, mit dem ihr ans Werk geht.

23. KAPITEL

Richtige Einstellung des Arztes zu geistigen Helfern. Über die Folgen falscher Zielsetzung für das irdische Leben

Es ist nicht nur dann eine Verbindung zu uns gegeben, wenn man uns etwa hört oder in der Weise, wie mein Medium den Kontakt mit mir pflegt. Ohne es zu wissen oder zu fühlen, findet ihr Antwort auf wichtige und berechtigte Fragen.

Man darf nicht glauben, daß ein nach irdischen Grundsätzen stärkerer Kontakt zu uns wertvoller ist als ein stilles Vertrauen in unsere Hilfe. Ein sozusagen beweisbarer Kontakt kann zu mancherlei Irrtum und Irreführung Anlaß geben. Denn - wie schon festgehalten - kann sich jedes Wesen ausgeben, für wen es will. Es wäre nicht zum ersten Mal, daß dann ein Psychiater in der Meinung, er sei mit einem großen Helfer verbunden, selbst in die übelste Störung gezogen wird. Dann aber die richtige Abwehr zu finden, ist nicht leicht.

Ihr dürft stets davon ausgehen, daß ein bedeutender Helfer aus dem Jenseits sich niemals durch Stimmen bemerkbar machen wird, besonders auf dem Gebiet der Psychiatrie, wo das Hören von Stimmen als - ich möchte sagen - krankhafte Störung auftritt.

Kein falscher Ehrgeiz darf die Triebfeder eures Wirkens sein, denn mediale Fähigkeiten und Betätigung auf diesem Gebiet bedeuten nicht höhere Leistung.

Gerade in dieser Sparte der medizinischen Wissenschaft sind Bescheidenheit, Eigenverantwortung und Selbstvertrauen notwendige Voraussetzung. Wer bestrebt ist, sich der Entscheidung zu entziehen und sich dem Auftrag oder Befehl fremder Kräfte anvertraut, geht grundsätzlich fehl und wird seiner Willensfreiheit beraubt.

Dies gilt ja wohl für alle Menschen, ganz besonders aber für solche, die dazu berufen sind, als Helfer der Menschheit Wege aufzuzeigen, die aus Not und Bedrükkung und geistiger Belastung herausführen sollen.
Einen festen Boden unter den Füßen kann man nur vermitteln, wenn man selbst mit beiden Beinen auf dieser Erde steht.
Nicht nur deshalb soll ein Arzt sich diesem Gebiet zuwenden, weil es eben verspricht interessant zu werden und die Möglichkeit bietet, freier und undogmatischer zu arbeiten als in anderen Sparten. Er wird keine Befriedigung finden, wenn er nicht zutiefst überzeugt und mit den Zusammenhängen zwischen geistigen und materiellen Kräften vertraut ist.
Ich sehe mich veranlaßt, so eingehend darüber zu schreiben, weil ich die großen Schwierigkeiten erkenne, denen ihr gegenüberstehen werdet. Und ihr werdet mir recht geben, da ihr selbst wißt, wie die Voraussetzungen aussehen, die von der medizinischen Wissenschaft für die Ausübung der ärztlichen Tätigkeit gefordert werden. Wenn in dieser Hinsicht aber eine Änderung erreicht werden soll, dann muß, ausgehend von dem Grundsatz, daß der Mensch ein Subjekt und nicht nur Objekt ist, der Anfang in der Sparte gemacht werden, die sich mit der Psyche des Menschen befaßt.
Denn Seele und Geist sind die Träger der Persönlichkeit, nicht zu trennen von den körperlichen Funktionen, wenn man bedenkt, daß sie es sind, die alle Aktionen und Reaktionen hervorrufen und steuern und daß mit ihrem Austritt aus dem materiellen Körper jegliche Lebensäußerung verlorengeht.
Darum wird man immer wieder feststellen können, daß vor allem Menschen, die eine Ausgeglichenheit zwischen Seele und Geist, zwischen Gefühl und Verstand besitzen,

auch körperlich gesünder und leistungsfähiger sind als andere.

Nicht erst dann soll man bemüht sein, die Menschen zu solcher Ausgewogenheit zu bringen, wenn sie schon in irgendeiner Weise versagt haben, sondern von Kindesbeinen an soll der Weg dazu gesucht und gewiesen werden.

Mancherlei Praktiken sind schon mit mehr oder weniger Erfolg erprobt worden; die meisten aber haben vielmehr die Abkehr vom normalen Leben und seinen Pflichten zum Ziel und sind dazu angetan, entweder die Kultur des Körpers in den Vordergrund zu stellen oder aber ein für normale und allgemein vertretbare Begriffe zu hohes Ziel erstrebenswert erscheinen zu lassen.

Gewiß gibt es und hat es sogenannte Erleuchtete gegeben, die ihr Leben losgelöst von materiellen Bedürfnissen rein und abseits von der Realität gelebt haben. Man stelle sich aber vor, daß die Mehrzahl der Menschheit einen solchen Lebensstil pflegen würde. Die Folgen wären nicht auszudenken.

Es muß als sträflicher Leichtsinn bezeichnet werden, daß durch die Vorstellung solcher Möglichkeiten versucht wird, die Menschen von der notwendigen Bewältigung der materiellen Pflichten zu entfernen, sie durch falsche Bilder in Euphorie zu versetzen, die nichts anderes bedeutet als sinnlose Übertreibung.

Natürliche Begeisterung und Abgeklärtheit, innere Ruhe und gesunde Lebensauffassung kann jeder erreichen und seinem Wesen entsprechend entwickeln. Erleuchtung im wahrsten Sinn des Wortes ist nur sehr erhabenen Seelen eigen. Für den Durchschnitt der Menschen bedeutet es aber große Gefahr, weil sie, nicht reif für den Verkehr mit allerhöchsten Wesen, das gesunde Urteil über den Wert dessen nicht haben, was sie aus fremden Sphären anziehen und aufnehmen.

Eine nicht geringe Zahl von Insassen geschlossener Anstalten sind einem solchen Wahn verfallen und Opfer solcher Übertreibungen geworden.
Andere erkennen, daß ihnen ein solcher Weg zu schwer wird, daß die Voraussetzungen in ihrer Mentalität nicht gegeben sind und fühlen sich minderwertig und unfähig und suchen Hilfe, um ihren Minderwertigkeitsgefühlen entfliehen zu können.
Die Überzeugungskraft der Menschen, die glauben, mit Fug und Recht oder sogar aus einer Verpflichtung heraus ihre Lehren verbreiten zu müssen, liegt darin begründet und ist erklärbar aus der Faszination, die sie durch das Fremde und Neue, völlig Ungewohnte in den meist kindlichen Gemütern der Unwissenden erzeugen. Je fremder und unverständlicher etwas klingt, um so höher wird es eingeschätzt. Den Blick zu öffnen, wird die Aufgabe in solchen Fällen sein, Rückführung ins nüchterne reale Leben. Es bietet Aufgaben und Schwierigkeiten genug, um an ihrer Bewältigung den Weg nach oben zu finden und eine höhere geistige Reife zu erreichen. Ein Leben in der Gemeinschaft und für die Gemeinschaft bietet immer noch Raum für gesunde egoistische Beschaulichkeit und ist die geeignetste Basis, Erkenntnisse zu sammeln und zum Wohle der Allgemeinheit zu verwerten.
Wer sein Leben so sieht und in dieser Weise bewältigt, darf mit sich zufrieden sein.
In die gleiche schwierige Lage können aber die Menschen geraten, wenn sie in ihrer religiösen Einstellung übers Ziel hinausschießen, gleichgültig im Rahmen welcher Konfession. Auch sie können durch die Vorstellung, daß sie mit der göttlichen Allmacht verbunden sein wollen, geistige Kräfte anziehen, die ihnen Erfüllung ihrer Wünsche vorgaukeln, sie ebenso in Euphorie versetzen und sie glauben machen, daß sie als Erleuch-

tete, Auserwählte usw. über ihre Umgebung weit hinausragen. Religiöser Wahn lautet dann die Diagnose und Verwahrung in einer Anstalt ist oft nicht zu vermeiden. Die falschen Vorstellungen und Wünsche sind wohl animistischen Ursprungs, also von dem Betreffenden selbst geformt und hervorgebracht; der Wahn oder die Erfüllung der Wünsche ist aber von fremder Kraft bewirkt. Die Aufgabe der behandelnden Psychiater ist daher eine doppelte: Einmal muß der Patient zu der Erkenntnis gebracht werden, daß das Wesen, das sich in ihm - und das meist stimmlich wahrnehmbar - manifestiert, keineswegs einer höheren Sphäre angehört und zum zweiten muß die religiöse Einstellung, das Wunschdenken und was sonst zu solchem Begehren Anlaß gab, entsprechend korrigiert werden. Ist das beides gelungen, dann darf außer von Befreiung auch von Heilung gesprochen werden. Manche geistige Störung könnte von vornherein vermieden werden, wenn Menschen, die im Zusammenhang mit geistigen und religiösen Fragen ungesunde und übertriebene Bestrebungen zeigen, rechtzeitig einer psychischen Betreuung zugeführt würden. In den meisten Fällen würde sich herausstellen, daß die Ursache für das abnormale Verhalten in einer ganz anderen Richtung zu suchen und zu finden ist.

Die Angst, seine Aufgaben nicht erfüllen zu können, verleitet dazu, um Hilfe zu bitten oder aber körperliche Unzulänglichkeit vor allem auf sexuellem Gebiet läßt den Weg zu religiöser Hingabe als einzigen Ausweg erscheinen.

24. KAPITEL
Sexualität und ihre Bewertung. Geistiger Einfluß im Kindesalter und seine Bewältigung

Sexualität ist ein Begriff, der nicht eindeutig interpretiert ist, wenn man darunter nur den geschlechtlichen Verkehr versteht. Sexualität ist viel mehr als das und eine weitreichende Komponente in den zwischenmenschlichen Beziehungen.

Jedes Individuum ist mit einer sexuellen Veranlagung ausgestattet, die es zum Teil entsprechend seiner schon erreichten geistigen Reife bei seiner Inkarnation mitbringt, zum Teil im Materiellen durch Vererbung erhält. Diese beiden sich ergänzenden Anteile können sehr entgegengesetzt oder auch konvenierend sein, je nachdem, ob die geistige Kraft stärker ist als die menschlich-körperliche oder umgekehrt.

Bei ausgeprägten Materialisten wird man häufiger finden, daß triebhafte Kommunikation mit einem Partner höher geschätzt wird als rein geistige Übereinstimmung, als das Aufgehen in der Seele und im Geist des anderen. Da die Materie vergänglich ist, ist alles, was nur auf ihr beruht, vergänglich, der Schwächung und dem Verfall ausgesetzt. Ein geistiger Bund kann ewig bestehen, weit übers Grab hinaus. Menschen, die das erfühlt oder erkannt haben, werden daher ein Bestreben zeigen, gegen triebhafte Regungen anzukämpfen, sie als primitiv empfinden und verachtungswürdig. Für eine geringe Zahl im Vergleich zur gesamten Menschheit aber trifft eine solche Einstellung zu. Die Bewältigung der Materie oder der Sieg über sie ist ein Zukunftstraum, der in unserer Zeitrechnung ganz bestimmt noch nicht der Verwirklichung näher kommen wird. Aber auch auf diesem Gebiet soll der goldene Mittelweg erreicht werden, sowohl in der Einstellung diesen Fragen gegenüber als auch in der Bewertung der daraus resultierenden Konsequenzen.

Es ist schwer, allgemein gültige Regeln aufzustellen, da es das unabdingbare Recht jedes Menschen sein soll, sich nach seinen ihm zu Gebote stehenden Kräften zu entwickeln. Das Leben in der Gemeinschaft fordert aber im Rahmen der Zivilisation Grenzen und Anpassung an allgemein gültige Normen. Sie sind nur in mancher Hinsicht nicht zielführend; das heißt, sie tragen wenig dazu bei, daß der Mensch den für ihn passenden Rahmen findet, ohne sich selbst eingeengt zu fühlen oder überhaupt zu wissen, was und wie weit er sein Tun und Lassen mit seinem Gewissen, mit Recht und Gesetz in Einklang bringen kann.

Da Sexualität eine Hauptgrundlage des materiellen Daseins bedeutet, Seele und Geist aber maßgeblich daran beteiligt sind, ist es eine vordringliche Aufgabe des Psychiaters, in jedem Fall, in dem er tätig wird, die Art der Bewältigung dieses Problems zu ergründen und zu versuchen, die für jeden Fall adäquate Lösung zu finden. Bei allen Bemühungen und besonders auf diesem Gebiet stößt der Arzt aber meist auf eine große Schwierigkeit. Es gibt nur sehr wenige Menschen, die die Wahrheit sagen oder gar eine Fehlhaltung entgestehen wollen. Die Wahrheit steht weit hinter der Antwort und muß erraten oder erfühlt werden. Vielfach decken sich die Folgen nicht mit der Aussage, und dann bedarf es großer Geduld, um des Pudels Kern zu finden. Um aber für jeden Menschen die richtige Einstellung zu seinen sexuellen Problemen finden zu können, ist Voraussetzung die hohe Qualität des Arztes.

Güte, Liebe, Anpassungsfähigkeit, auch Opposition und natürlich Triebhaftigkeit fußen auf der Sexualität im weitesten Sinn. Sie alle finden ihre Ausprägung darin, in welcher Weise jeweils die mitgebrachte und ererbte Basis bewältigt wird.

Was mitgebracht und ererbt wurde, ruht also schon im kleinen Kind, und es sollte deshalb schon von Anbeginn das Bemühen dahin gehen, nur positive Eigenschaften in der Erziehung zu vermitteln, alles zu vermeiden, was zu Reizbarkeit Anlaß gibt und Opposition nicht zu unterbinden, damit nicht Aggressionen aufgestaut werden, die eines Tages zu unkontrollierbaren Exzessen ausarten können.

Darum die Forderung: Laßt eure Kinder leben, zwängt sie nicht in den nach eurem Gutdünken richtigen gesellschaftlichen Rahmen, seid ihnen Freund und Helfer mit Verstehen und Verzeihen, wie ich schon mehrfach betont habe.

Aus allem, was ich bisher gebracht habe, könnt ihr ersehen, daß die Umerziehung der Menschheit schon im Kindesalter beginnen muß. Freilich bedarf es dazu richtig geschulter und erzogener Erwachsener, die die Fähigkeit besitzen, ihre Erfahrungen und Erkenntnisse weiterzugeben.

Und weil wir schon von der Erziehung der Kinder sprechen, glaube ich noch darauf hinweisen zu müssen, daß auch sie in ihrer Psyche gestört sein können von fremden Kräften.

Die heute noch herrschende Vererbungstheorie, die in der rein animistischen Auffassung die einzig mögliche Erklärung ist für Ähnlichkeit oder Übereinstimmung der Kinder mit ihren Vorfahren in bezug auf auffallende Charaktereigenschaften und Gewohnheiten ist noch ein Hindernis, das in der Beurteilung der Veranlagung eines Menschen erst überwunden sein muß, bevor man negativen Einflüssen schon im Kindesalter begegnen und positive als das wird bewerten, pflegen und in angemes-

senen Grenzen akzeptieren können, was sie wirklich sind.
Wie oft hört man den Ausspruch: Das Kind ist ganz sein Vater oder Großvater, wenn diese auch schon hinübergegangen sind und das Kind zu ihren Lebzeiten noch gar nicht in der Lage war, sie nachzuahmen in Bewegung und Gebärde und schon gar nicht in Gewohnheiten, die dem Wesen des Kindes fremd, übertrieben und in keiner Weise verstandesmäßig angepaßt sind.
Fähigkeiten oder ein Mangel an solchen können vielfach der Veranlagung zugeschrieben werden; sie entfalten sich aber dann nach dem eigenen Willen des Menschen in erkennbar normaler Weise.
Was ohne Zutun von Verstand und Gefühl oft gegen den eigenen Willen, also unter Zwang getan oder gesprochen, auch gehört oder gesehen wird, stammt niemals von dem Menschen selbst, sondern von fremder Kraft.
Daß Kinder viel weniger natürliche Abwehr gegen solche Einflüsse einsetzen können als Erwachsene, liegt auf der Hand, und einem Kind die wahren Zusammenhänge zu erklären, ist selten möglich. Auch kann das Kind die Tragweite seines abwegigen Tuns noch nicht überblicken, fühlt sich durch die fremde Kraft getragen und gestärkt und wird auf diese Weise in seiner normalen Entwicklung gehemmt und behindert.
In dieser Richtung könnte unendlich viel Leid in der Kindheit verhütet und beseitigt werden, wenn die mit solchen gestörten Kindern in Verbindung stehenden Eltern, Lehrer und Erzieher unsere Hilfe heranziehen wollten.
Einen solchen Fall konnten wir aber vor einigen Jahren schon verzeichnen: Eine Lehrerin hatte in ihrer Klasse schon seit drei Jahren einen Jungen, der beim besten Willen und wenn er sich noch so sehr bemühte, nicht still sitzen konnte, an einem übermäßigen Mangel an

Konzentration litt und von seinen Mitschülern gefürchtet und gemieden war.
Die Lehrerin hatte meine Schriften gelesen und kam auf den Gedanken, daß der Junge, den sie trotz allem ins Herz geschlossen hatte und den sie für ausreichend intelligent hielt, etwa besessen sei. Sie richtete ihre Gedanken auf mich und bat um Hilfe. Als sie tags darauf in die Klasse kam, traute sie ihren Augen nicht. Der Junge saß still und aufmerksam in seiner Bank, arbeitete ruhig und konzentriert, war mit einem Wort völlig normal. Später befragt, wieso er auf einmal so verändert sei, antwortete er nur: "Ich habe es ja immer wollen, aber ich konnte einfach nicht." Ich hatte geholfen und ihn von der Last befreit, er bedurfte von da ab keines strengen Wortes mehr. Mit Liebe und Zärtlichkeit konnte die Mutter - wie sie sagte - auf einmal alles erreichen, was vorher einfach unmöglich war.
Und es war noch ein Kind dieser Lehrerin anvertraut. Eines Tages kam der erste Junge freudestrahlend nach Hause:"Jetzt ist mein Freund genauso brav wie ich; er hat es ja auch immer sein wollen." Es ist nicht wichtig und notwendig zu wissen, wer der störende Geist war, wenn man einen Menschen befreit hat. Ich möchte sagen, es ist fast besser, es nicht zu wissen, damit nicht Haß- und Rachegefühle erzeugt werden gegen Wesen, die im irdischen Bereich noch Anverwandte oder Freunde haben. Nicht selten werden Vorwürfe gegen diese gerichtet, als ob durch sie der Zusammenhang hergestellt worden wäre.
Bedenkt auch stets dabei, daß es im Geistigen keine Vererbung gibt und daß in jedem Kind ein reifes Geistwesen wohnt. Bei guter Befassung mit dem Kind können das die Eltern und Erzieher schon in der frühesten Kindheit feststellen und sollten es auch entsprechend berücksichtigen. Jedes neue Erdendasein erfordert aber

Erfahrung, und die muß immer von neuem gewonnen werden.
Geistige Reife ist - wie ich schon einmal sagte - nicht gleichbedeutend mit Verstand und Wissen. Diese sind nur die Basis für die Entwicklung auf materieller Ebene. Wer sich also berufen fühlt oder auch nur auf Grund gegebener Umstände einem Menschen helfen, ihm einen Weg weisen will, der ihn aus einer Bedrängnis oder Belastung führt, der betrachte nicht nur den einen eben hervorstechenden Aspekt, sondern den ganzen Menschen, wie er lebt, wie er mit der Abhängigkeit von seiner Umgebung in menschlicher und materieller Hinsicht zurechtkommt, wie weit er imstande ist, seinen Beruf zu bewältigen, ob er im Freundeskreis - sofern ein solcher besteht - Anerkennung oder Geltung findet und wie die Persönlichkeit zur Sexualität ausgerichtet ist. Wo immer sich eine Schwäche zeigt, soll das Selbstvertrauen, der Glaube an die eigene Kraft gestärkt werden und der eigene Wille als Träger des Lebens in den Vordergrund gestellt werden.
Ich weiß, daß ich viele Gedanken zu diesen Problemen schon verschiedentlich fixiert habe, bin aber bemüht, sie ihrer Bedeutung wegen in immer neuem Zusammenhang zu wiederholen, damit nichts von Wichtigkeit übersehen und fallen gelassen wird.

25. KAPITEL
Selbstmord und seine Folgen. Umdenken in Kirche und Wissenschaft

Ein besonderes Kapitel möchte ich dem Selbstmord widmen, der in der Zeit des großen technischen Fortschritts oder trotz der vielen menschenfreundlichen Errungenschaften der Technik immer mehr um sich greift.
Der Ausdruck oder besser gesagt die Bezeichnung trifft nur sehr begrenzt zu. Zur Ausführung jeder Tat, die vom Individuum selbst durchgeführt wird, gehört der eigene Entschluß, die Aktivierung des eigenen Willens.
Warum begeht der Mensch aber einen Selbstmord? Weil er keine Willenskraft mehr besitzt, seine irdischen Aufgaben zu meistern. So wenigstens motiviert er seine Tat.
Ein Versagen der Willenskraft hat aber höchstens Resignation, Gleichgültigkeit und weitgehende Passivität zur Folge, nicht eine Umkehrung in eine Richtung, die genau das Gegenteil bedeutet. Wer den Mut zum Leben glaubt verloren zu haben, hat noch viel weniger den Mut, es wegzuwerfen. Denn es ist und bleibt nach ewigen Gesetzen das natürliche Bestreben in jedem Wesen, das materielle Leben so lange wie nur möglich zu erhalten. Dieser Trieb - möchte ich sagen - ist bei Betrachtung menschlicher Belange nicht wegzudenken.
Selbstmord ist kein freier Willensakt - in keinem Fall.
Die Ausführung der Tat erfolgt wohl von dem Menschen selbst, sein Wille ist aber infolge seiner Passivität ausgeschaltet oder so sehr herabgesetzt, daß sich andere Kräfte seiner bemächtigen können und er zum willenlosen Werkzeug wird.

Sehr oft sind Menschen, die ihr Selbstvertrauen weitgehend verloren haben, mit aller Kraft bemüht, gegen Selbstmordgedanken zu kämpfen, sie fürchten, ihnen unterliegen zu müssen, beteuern, daß sie es nicht tun wollen, aber wie durch einen Zwang dazu gedrängt würden.
Auch hier unendlich unterschiedliche Einflüsse und Arten des Zwanges oder der Beeinflussung, je nachdem, wo die Ursachen zu suchen sind und welche geistigen Kräfte sich des Menschen bemächtigen.
Wohl ist die Voraussetzung dafür stets ein Versagen auf irgendeinem Gebiet, mag es schuldhaft oder durch Fehlen eines rechten Lebensbildes, einer geeigneten Lebensauffassung verursacht sein. Auch schwere körperliche Mängel oder Leiden können die Ursache psychischen Versagens sein und ein Sichöffnen geistig negativen Kräften zur Folge haben. Haß, Neid und Mißgunst dem Gesunden gegenüber ziehen solche Kräfte an, wie überhaupt die Wechselwirkung in der Kommunikation zwischen Mensch und Geist grundlegend Beachtung finden muß, wenn man solchen sich minderwertig fühlenden Menschen helfen will.
Die Bestrebungen in dieser Richtung - wenn auch nicht auf die eben angedeutete Ursache ausgerichtet - sind lobenswert und zu begrüßen. Das Selbstvertrauen, das man körperbehinderten Menschen zu geben und zu stärken bemüht ist, hat ja auch positives Denken zur Folge und dient der Abwehr gegen negative Kräfte.
Selbstmordverhütung zählt zu den vordringlichsten Aufgaben des Psychiaters und ist vorläufig nur spärlich von Erfolg begleitet, weil eben die rechte Auffassung von den Zusammenhängen und wahren Ursachen fehlt. Dazu kommt der Irrtum, daß man glaubt, das als Ursache nehmen zu müssen, was der Patient als solche

angibt. In den seltensten Fällen ist die angegebene Triebkraft richtig erkannt.
Freilich lassen sich die Ursachen überhaupt nur dann vermuten und annähernd feststellen, wenn der Selbstmord nicht perfekt war, und der Mensch wieder ins normale Leben zurückgebracht werden konnte. Es bleibt eben nur ein Versuch und die Erklärung dafür kann dann sehr verschieden sein je nachdem, wie der Mensch in seiner Umgebung beurteilt wird, was man ihm zuzutrauen gewillt ist usw. Daß er gerettet wurde, wird dem Zufall zugeschrieben, stets tritt ein unerwarteter Umstand ein, sodaß noch rechtzeitig Hilfe geleistet werden konnte.
Daß aber solche unerwartete Umstände stets von gütigen geistigen Kräften verursacht werden, das muß in der Beurteilung der Selbstmord-Versuche erst Raum und Anerkennung finden.
Das Erfassen der Zusammenhänge gibt dem Arzt die Möglichkeit, dem Patienten vor Augen zu führen, welcher Helfer er teilhaftig wurde, daß er solche auch weiterhin zur Bewältigung seiner Lebensaufgaben an der Seite hat und er mit ihnen gegen negative Einflüsse wird kämpfen und siegen können.
Vielfach trifft die Verantwortung für solches Geschehen nicht den Menschen selbst, der glaubt, aus dem irdischen Leben flüchten zu müssen, sondern seine Umgebung, die ihn etwa mißverstanden oder in seinen Nöten allein gelassen hat. Daher ist auch in solchen Fällen die Betrachtung und entsprechende Umerziehung des Milieus von größter Wichtigkeit.
Eine Grund-Überlegung ist noch wert, erörtert zu werden. Wir wissen, daß uns das Ende der Erdenlaufbahn schon in die Wiege mitgegeben ist. Warum soll es wohl so wichtig sein, den vorbestimmten Zeitpunkt unseres

Abschieds zu erreichen? Ist es denn nicht unserem freien Willen überlassen, zu beenden, wann wir wollen?
Wir kommen wohl aus eigenem freien Willen auf diese Erde, aber unser Eintritt ist nach ewigen Gesetzen an geistige Voraussetzungen, an im Jenseits gültige Normen gebunden. Es gäbe ein unüberschaubares - von hier aus unüberschaubares Chaos, wäre nur der freie Wille notwendig. Diese Voraussetzungen zu erklären, fehlen mir die Worte. Um aber die ewige unendliche Ordnung nicht zu stören, ist auch der irdische Mensch verpflichtet, sich diesen Normen zu fügen und die ihm für das irdische Dasein zugemessene Zeit einzuhalten und zu seiner Entwicklung und Reifwerdung zu nutzen. Verläßt er die materielle Welt durch sein Versagen früher als vorgesehen, so bleibt sein Geistwesen weitgehend an der Materie haften, leidet unsäglich an dem Unvermögen, sie noch für sich zu gebrauchen, findet aber so lange nicht den Zusammenhang mit dem geistigen Bereich, dem rein geistigen kraftspendenden Jenseits, bis der Zeitpunkt des erlaubten Abschieds gekommen ist.
Solche Wesen sind eben an Raum und Zeit gebunden und daraus allein resultiert unendliches Leid und Ungemach.
In dieser Richtung ein Weltbild zu vermitteln, ist in solchen Fällen die vordringliche Aufgabe der Psychiater, und richtiges Verstehen und Verzeihen die Umgebung zu lehren unerläßlich.
Selbstmord ist kein Verbrechen; darüber darf es keinen Zweifel mehr geben. Daß das Umdenken in dieser Hinsicht nicht leicht ist, muß verständlich erscheinen, wenn man bedenkt und davon ausgeht, daß das Leben ein Geschenk der göttlichen Allmacht ist und die Verantwortung für eine gottgewollte Nutzung nach animistischer Auffassung nur dem Menschen selbst zugerechnet werden kann.

Es ist also die vordringliche Aufgabe der Kirche, ihre irrige Auslegung in diesen Belangen zu berichtigen, und es kann ihr auf Grund der Erfahrungen, die ihr seit zweitausend Jahren zugekommen sind, auch nicht schwerfallen.
Wie wertvoll aber für die Bewältigung unserer Aufgaben die Hilfe von dieser Seite wäre, ist leicht einzusehen. Bedauerlicherweise wird aber mehr denn je versucht, sogar die Leistungen und Erfolge Jesu umzudeuten und sie nur als Gleichnisse aufzufassen und gelten zu lassen. Fortschritt im Denken und Eingestehen eines Irrtums hat noch keinem geschadet, und ich möchte meinen, daß auch die Kirche aus einer Umkehr in dieser Hinsicht nur Nutzen ziehen könnte.
Mut zur Wahrheit ist es, ohne Ansehung der eigenen Person oder Organisation. Man darf ruhig ins Feld führen, daß ja nicht heute, sondern vor langer, langer Zeit der Irrtum entstanden ist, daß aber nach den Erfahrungen der Wissenschaft und Forschung dem nicht mehr das Wort geredet werden kann.
Ich sagte schon einmal, daß die Kirche dazu berufen sein könnte, der richtigen Aufklärung den Weg zu bereiten. Es darf nicht übersehen werden, daß die Theologie, die Wissenschaft vom Göttlichen nicht wie bisher die Naturwissenschaften auf exakten Beweisen aufbaut, sondern allein auf der Erfahrung. Sie dürfte in dieser Hinsicht den übrigen Wissenschaften als Vorbild dienen, ist sich aber allem Anschein nach ihrer –ich möchte sagen– fortschrittlichen Einstellung nicht bewußt. Denn alle übrigen Zweige der Wissenschaft und Forschung werden erst dann die ihnen schon bewußten Grenzen überwinden können, wenn sie anstatt auf exakten Beweisen auf Glauben aufbauen werden. Glauben hier nicht nur als Annahmebereitschaft, sondern als uneingeschränkte Überzeugung von der Existenz

einer göttlichen Allmacht. Nur so wird der Schlüssel zu den noch weitgehend unbekannten Gesetzen des Weltalls gefunden werden können.
Dann wird man erkennen, daß all das, was euch heute noch als Wunder erscheint, weil ihr keine Erklärung dafür finden könnt, eben auf Naturgesetzen beruht, die im Diesseits und Jenseits gleichermaßen Gültigkeit haben.
Ihre Auswirkung ist nur hier und dort verschieden, weil eben Raum und Zeit nur im materiellen Bereich gegeben sind, im geistigen aber andere Dimensionen die Grundlage bilden.
Es hat schon oft zu unerwarteten Überraschungen geführt, wenn Veränderungen im physikalischen Bereich eingetreten sind, die bis dahin nur als Utopie abgetan werden konnten, weil eben ein wissenschaftlicher Beweis noch nicht möglich war.
Veränderungen solcher Art sind meist Prognose, Vorhersagung und Prophezeiung vorausgegangen. Wissende wurden aber stets verlacht oder sogar für geisteskrank erklärt. Warum will man aus solchen Erkenntnissen und Erfahrungen nicht lernen? Die Wahrheit ist nicht furchterregend, wenn man ihr offen und guten Willens gegenübersteht.
Die Menschen dieser Generation laden große Schuld auf sich, wenn sie nur aus persönlicher Eitelkeit, Überheblichkeit und geleitet von rein materialistischen Bestrebungen entgegen innerer Überzeugung nicht wahr sein lassen, was aus den eben angeführten Gründen nicht wahr sein darf.
Wahrheit läßt sich nicht aufheben. Man kann an ihr mit Scheuklappen vorübergehen; man kann sie leugnen und verdrehen. Sie wird sich trotz allem negativen Bemühen durchsetzen und alles in den Schatten stellen, was bestrebt war, sie nicht zum Durchbruch kommen zu lassen.

Je früher dies geschehen wird und je früher die Menschen lernen werden, mit den guten geistigen Kräften richtig zu leben, um so früher wird gegenseitiges Verstehen und richtiges Verständnis für den Sinn und Zweck des Lebens Platz greifen.

26. KAPITEL

Der Zorn eine folgerichtige Lebensäußerung. Tobsucht und ihre Ursachen

Ich will noch etwas besprechen, was für den irdischen Menschen oft Anlaß zu Zweifeln gibt und worüber er in den seltensten Fällen eine ausreichende Antwort erhalten kann.
Es ist der Zustand des Zorns und der Abneigung gegen Einflüsse aus der Umgebung, die so plötzlich seine Seele erfassen, daß er sich zu einem Verhalten oder zu Worten hinreißen läßt, die er schon bereut, kaum daß sie zum Ausdruck kommen.
Jeder fast, der unter solchen Gefühlsäußerungen leidet und den Wunsch hat, sich selbst unter Kontrolle zu haben und seine Worte und Äußerungen zu beherrschen mit seinem eigenen Willen und Verstand, ist unglücklich darüber, zugeben zu müssen, daß er sich habe gehen lassen und seiner Umgebung das Recht einräumen müssen, ihn deshalb geringzuschätzen oder zu verachten. Es mag im Fall einer außergewöhnlichen Abweichung von der sogenannten normalen Form berechtigt und das Urteil, daß es sich um einen unbeherrschten Menschen handelt, der seine Mitmenschen geringschätzt, richtig sein. In Wahrheit sind es aber meist ganz natürliche und verständliche Reaktionen, für die es nicht nur eine Rechtfertigung gibt, sondern die für alle Menschen erlaubt und richtig wären, würden sie nicht aus Gründen der besseren Erziehung auf einen ehrlichen Ausdruck ihrer Gefühle verzichten.
Das ist aber oft nicht nur Selbstbeherrschung und anerzogene Haltung, sondern Zurückhaltung aus Berechnung oder Mangel an Mut, die wahre Einstellung zu dem Gesehenen, Gehörten oder Erlebten zu zeigen.

Könnten die Menschen das wahre Gesicht sehen, das sich in ihrem Innern widerspiegelt, sie würden vor sich selbst erschrecken. Es ist ein häßliches Gesicht und oft viel häßlicher als das eines in Zornesröte erglühenden, ehrlichen Wüterichs.
Wir können lesen, was im Innersten geschrieben steht und was sich hinter jedem Gesicht verbirgt. Der irdische Mensch ist sehr selten dazu in der Lage und auch meist geneigt, die Ruhe und Gelassenheit, die ein Gesicht ausstrahlt, als den Ausdruck des tatsächlich Empfundenen zu betrachten.
Daß solche Täuschungen sehr gefährlich sein können, oft große Verwirrung anrichten und mehr Zwietracht und Mißstimmung einbringen als eine ehrliche Ablehnung offen zum Ausdruck gebracht, ist nichts Neues. Es bedarf aber der Schulung und Schärfung des Blickes, um wahr und falsch voneinander zu unterscheiden. Der grade Michl macht es einem leicht; er läßt sich durchschauen, verschenkt nicht übertriebene Freundlichkeit an Menschen, die ihm nicht konvenieren und erfreut sich meist größerer Sympathie als die höflichsten und anscheinend gütigsten Menschen der Welt.
Es ist immer die Ausstrahlung des Geistwesens, die sich darin kundtut und die zu erfassen und zu erkennen das Wichtigste ist im Umgang mit Menschen.
Man sollte aber sein Urteil sehr abwägen, bevor man es als unumstößlich fixiert und gut und minderwertig mit einem anderen Maßstab messen, als es die menschliche Gesellschaft vorschreibt.
Darum habe ich schon darauf hingewiesen und dringend empfohlen: Macht aus euren Kindern keine Paradepuppen, die plumpe Höflichkeit höher zu schätzen lernen als ehrlich gezeigte Sympathie und Abneigung. Und seid ihr Erwachsene in einem Milieu aufgewachsen, das solche – ich will es geradeheraus sagen – Scheinheiligkeit zur

Grundlage der Erziehung hatte, dann beeilt euch, umzulernen und alles zu vermeiden, was zu Unehrlichkeit verleitet.

Damit will ich nicht etwa sagen, daß man wie ein kleines, unerfahrenes Kind offen jede Meinung zum Ausdruck bringen soll. Es genügt, wenn man unterscheiden lernt und sein Verhalten darauf abstellt, wie weit man, ohne sich selbst etwas zu vergeben, unter Ausschaltung aller Berechnung gradlinig bestehen kann vor seinem eigenen Gewissen.

Im Jenseits wiegt solcher Anstand nicht und mancher ungeschliffene Bursche, wie man ihn im irdischen Leben nicht gerne sieht, hat eine weit bessere und wertvollere Ausstrahlung als alle wohlerzogenen Heuchler.

Wenn ich solche Fragen behandle, so muß ich wohl vielfach in Extremen mich ergehen; es ist aber notwendig, weil nur auf diese Weise klar gemacht werden kann, was ich meine.

Viele werden sagen, daß sie mit solchen Kreaturen, mit so extrem offenherzigen Menschen kaum zu tun haben und das mag im Rahmen der Zivilisation richtig sein. Alle aber begegnen täglich Menschen, die ihnen unaufrichtige Minen zeigen und denen sie deshalb mehr Vertrauen schenken, weil sie sich durch ihre Liebenswürdigkeit geschmeichelt fühlen.

Der Kern der Frage ist also die Aufrichtigkeit, die in jeder Lebenslage an den Tag gelegt werden soll. Man kann einer unaufrichtigen Gebärde, einem unwahren Wort oder einer unehrlichen Tat immer ausweichen, will man schon nicht mit Offenheit entgegentreten. Der menschliche Geist hat die Möglichkeit, sich in jeder Lage und Richtung frei zum Ausdruck zu bringen. Er ist nicht gezwungen, eine bestimmte Art und Form einzuhalten.

Macht Gebrauch von dieser Bewegungsfreiheit und legt ihr keine Fessel an, die, aus Tradition und Konvention geschmiedet, die freie Entfaltung verhindern oder doch hemmen.

Wenn Zwang und Unterdrückung die Gedanken fehlleiten und zu einer Einstellung zwingen wollen, die dem Gewissen und dem so zarten Empfinden der Seele widersprechen, dann schaut einmal nach innen und betrachtet das Bild, das ihr vor Augen habt. Für viele wird es eine recht unerfreuliche Selbsterkenntnis sein. Diese Erkenntnis ist aber der erste Schritt zur Besinnung und Besserung, zur Änderung des ganzen Wesens und des Charakterbildes, das ja in erster Linie vor der eigenen Kritik standhalten muß.

Wir haben also festgestellt, daß der Zorn eine oft sehr verzeihliche und verständliche oder folgerichtige Lebensäußerung des irdischen Menchen darstellt. Wenn wir aber überlegen, daß jenseitige Wesen sich durch ihre ihnen eigene geistige Kraft kundtun, ihre Kraft auf Wesen im Irdischen ausstrahlen können und da wir bereits wissen, daß der Mensch mit allen seinen Irrtümern und Fehlern hinübergeht nach dem Abschied von der materiellen Welt und daß er oft noch das Bedürfnis hat, seine irdischen Gewohnheiten fortzusetzen, dann müssen wir unseren Überlegungen auch zugrunde legen, daß Emotionen, Haßgefühle, Rachsucht usw. ebensowenig verlorengehen wie Gefühle der Zuneigung und Liebe, der Reue und Demut usw.

Wir wissen aber auch, daß ihre Einflüsse nicht durch Materie behindert viel intensiver wirksam werden können, wenn sie in Unkenntnis dessen, was erlaubt und zuträglich ist, sich mit aller Macht eines irdischen Wesens bemächtigen.

Auf den Begriff Zorn bezogen müssen wir daher feststellen, daß eine Steigerung in einen Zustand erfolgen kann, für den diese Bezeichnung nicht mehr ausreicht. Wutanfälle, Tobsucht, unkontrollierbare Exzesse sind die Folge von Einflüssen unreifer Wesen, die für ihre Gelüste und Wünsche keine Befriedigung finden und glauben, es auf diese Weise erzwingen zu können. Harmlose, körperlich zarte oder schwache Menschen, meist solche, die in unbelastetem Zustand eines Zornausbruchs gar nicht fähig sind, werden oft zu gemeingefährlichen Tobsüchtigen, sind imstande, weit über ihre körperliche Konstitution hinausreichende Kräfte zu entwickeln und Dinge zu tun, die dem stärksten Mann nicht gelingen würden. Nur selten bedient sich so ein irrendes Geistwesen eines Menschen, der selber Kraft besitzt, weil dann meist auch die Kraft der Seele dazu ausreicht, sich gegen solche Besitzergreifung zur Wehr zu setzen.

Die Motive solcher Besitzergreifung könnt ihr nicht erkennen; die Ursache aber, warum es dazu kommen konnte, liegt im psychischen Versagen des Befallenen und euer Einschreiten muß in erster Linie darauf gerichtet sein, die Fehleinstellung des Patienten zu beheben, sein Selbstvertrauen zu stärken, damit er die Kraft zur Abwehr findet und selbst an seiner Befreiung mitarbeitet.

Wohl möchte ich sagen, darf nicht jeder in Wut ausartende Zorn als eine Besessenheit betrachtet werden. Die menschlichen Eigenschaften können auch ohne fremden geistigen Einfluß in Extremen zum Ausdruck kommen. Es wird dann wohl zu Handlungsweisen kommen können, die über das allgemein gültige normale Maß hinausgehen, immer aber werden sie den gegebenen Anlagen des Menschen angepaßt und entsprechend sein.

Hemmungslosigkeit kann eine rein menschliche Regung sein, hat aber ihre Ursache vornehmlich in negativen Einflüssen, in der Erziehung, in Gesellschaft und Vorbild. Besonders schwache Charaktere, die sich minderwertig fühlen, die glauben, außerhalb der menschlichen Gesellschaft zu stehen, oder auch nur glauben, den Anforderungen des Milieus nicht gerecht werden zu können und Stärke vortäuschen wollen, haben es schwer, stets Ruhe zu bewahren und verlieren sich in Übertreibung entgegengesetzter Äußerungen. Ein Feiger zeigt übertriebenen Mut, ein Unwissender ist bemüht, sich als Weiser zu zeigen.

Je weniger der Mensch aber weiß, um so mehr redet er und dem Gefühl der Minderwertigkeit setzt er Überheblichkeit entgegen. Zorn und Wut sind oft die Gegenpole von Angst und Furcht; Bedrückung und Depression werden durch überlautes Lachen und Schreien und gespielte Heiterkeit zu kompensieren versucht.

Nehmt daher nicht die Fehlhaltung als den dem Menschen eigenen grundlegenden Charakterzug, sondern forscht – ich möchte sagen – nach der entgegengesetzten Ursache. Ist sie gefunden und behoben, dann schwindet auch jede Übertreibung in entgegengesetzter Richtung. Sie wird dann eben überflüssig.

Die Psyche des Menschen zu ergründen, stößt aber, wie ich schon vielfach aufgezeigt habe, auf mancherlei Schwierigkeiten, besonders dann, wenn man annehmen muß, daß auch fremde Kräfte wirksam sind.

Da ich schon ausgeführt habe, daß geistige Kraft um vieles stärker sein kann in seiner Auswirkung als die physischen Kräfte des Menschen, halte ich es für angebracht, über diese Tatsache eingehender zu sprechen.

Wir wissen, daß geistige Kraft in positiver und negativer Weise wirksam werden kann. Die positive Wirkung wird kaum wahrgenommen, denn sie beweist sich nur in einer besonders beachtenswerten Ausgeglichenheit, Ruhe und Gesundheit eines damit bedachten Menschen.

Übermenschliche Leistungen sind nicht als positiv zu bezeichnen, wenngleich sie vielleicht in irgendeiner Weise nützlich sind. Denn der Mensch, der solche zu vollbringen vermag, zieht für sich keinen Nutzen daraus und muß gewärtig sein, früher oder später in eine gegenteilige Verfassung zu verfallen. Sie dienen auch meist nur der Befriedigung von Sensationslust und Neugier.

Wenn aber solche übermenschlichen Leistungen von unwissenden, irrenden oder böswilligen Wesen verursacht werden, dann werden sie von der Umgebung mit Mißvergnügen, um nicht zu sagen mit Abscheu aufgenommen und im Fall der physisch und psychisch unerträglichen Intensität auch als teuflisch, dämonisch usw. bezeichnet.

Es ist verständlich, daß der Mensch so reagiert, da er im Dunkeln tappt, die Kräfte nicht erfassen, nicht registrieren und identifizieren kann. Den verschiedensten Auslegungen und Vermutungen ist dadurch Tür und Tor geöffnet.

Vor allem die Auffassung, daß jede negative, sozusagen übernatürliche oder besser gesagt unnatürliche und nach irdischen Gesetzen strafbare Lebensäußerung des Teufels sei, führt zu größter Verwirrung und Fehlhaltung solchen Kräften gegenüber.

Ich sagte schon an anderer Stelle, daß nicht jede als negativ empfundene Auswirkung auch immer von negativen, böswilligen Kräften stammt, sondern daß Irrtum und Unwissenheit, seelische Not und Verzweiflung erst dazu führen können, daß hemmungslose Reaktionen dort erzeugt werden, wo die Bereitschaft aus irgendeinem Grund gegeben ist.

Aufklärung und immer wieder Aufklärung ist die vordringlichste Forderung, wenn in diesen Belangen Mittel und Wege gefunden werden sollen, um die gequälte Menschheit in Einklang zu bringen mit den guten geistigen Kräften, um sie zu bewahren vor unrichtiger Bewertung und Verurteilung.
Die noch herrschende Verbohrtheit, das Sichklammern an exakte wissenschaftliche Beweise bewirkt noch eine weit verbreitete Scheu, den psychischen Phänomenen offen zu begegnen.
Schon die Bezeichnung "Phänomen" ist unzutreffend; ich gebrauche sie nur, damit auch verstanden wird, wovon ich rede. Denn in Wirklichkeit gibt es kein Phänomen, sondern ist alles natürlich und gesetzmäßig, wenn auch im positiven wie im negativen Sinn. Erscheinungen werden nur deshalb zu etwas Außergewöhnlichem gestempelt, weil das Verständnis dafür fehlt.
Dieser Mangel an Verständnis erzeugt aber Hemmungen bei den meisten Menschen, die solche sogenannte Phänomene erleben oder der Einwirkung geistiger Kräfte – sei es in positiver oder negativer Richtung – teilhaftig sind.
Auch diese Hemmungen zu beheben, gehört zur Aufgabe der Psychiatrie, wenn die Möglichkeit gewonnen werden soll, gestörte Menschen zu befreien.
Freimütig auszusprechen, was sich in den Gedanken manifestiert, muß jeder Patient den Mut finden können, ohne befürchten zu müssen, als unheilbar, verrückt, wahnsinnig – und womit das Vokabular sonst noch ausgestattet sein mag – abgestempelt und von der menschlichen Gesellschaft und Gemeinschaft ausgeschlossen, gemieden und verabscheut zu werden.
Ein gewaltiges Umdenken muß Platz greifen und das erfordert sehr viel guten Willen und ist – das will ich gerne zugeben – gewiß nicht leicht.

Es gibt im menschlichen Dasein vieles, was nicht der exakten Beweise durch die Wissenschaft und Forschung bedarf. Daß der Mensch lebt, daß er atmet, daß er schläft oder wacht, sind Tatsachen, die wir mit unseren fünf Sinnen erfassen und feststellen können; daß wir aber auch Lebensäußerungen zeigen, die auf diese einfache Weise nicht feststellbar, trotzdem unleugbar gegeben sind, wird auch ohne exakte Beweise angenommen, weil man eine Basis benötigt, auf der man weiter aufbauen kann.

Darin liegt aber eine große Gefahr, denn ein unrichtig gesetzter Baustein verändert die Basis und verleitet zu falschen Hypothesen und Theorien.

Denken wir nur an das sogenannte Unterbewußtsein, das man fälschlich als existent im Menschen selbst annimmt und infolgedessen alle Regungen, die auch von fremden Kräften, also von außen wirksam werden, ihm allein zuschreibt.

Die Unfehlbarkeit oder besser gesagt vermeintliche Unfehlbarkeit der Wissenschaft versperrt noch den Weg zu besserer Einsicht und die Furcht vor diesem dogmatischen Zwang läßt es bequemer erscheinen, im hergebrachten Trott weiter zu schlendern, statt offen seine Meinung zum Ausdruck zu bringen.

Es ist wohl leichter, immer wieder neue Beweise und Erfahrungen zu fordern als zuzugeben, daß das Maß längst voll ist und man daher verpflichtet wäre, neue Wege zu beschreiten.

Es geht nicht mehr darum, die Existenz eines geistigen Bereiches unter Beweis zu stellen, sondern nur um die Frage, wie wir ihm begegnen, wie mit ihm richtig leben können.

Wie wir uns die guten Kräfte zunutze machen können, dies zu lehren, ist die Aufgabe der Kirche; zum Kampf

gegen negative Einflüsse sind die guten Ärzte und Psychiater berufen.
Ich glaube, daß ich in der bisher fertiggestellten Arbeit manche Fingerzeige gegeben habe, die eine brauchbare Hilfe dem suchenden, strebenden und leidenden Erdenbürger sein können. Ich will aber gerne fortfahren und neue Fragenkomplexe zu erklären unternehmen, sofern der Wunsch danach offenkundig und das Interesse daran gegeben ist.

Vom Einfluß vorangegangener Leben auf die Entwicklung im Irdischen.
Der Einfluß des Außerirdischen auf die materielle Welt und die Entwicklung der Menschheit.
Erkennen der Ursachen psychischer Leiden und ihre Bekämpfung.

ISBN 3-927518-05-0

Themenschwerpunkte in Band 3

Unrichtige Auffassung vom Wert der triebhaften Liebe, ihre Gefahren und notwendige Aufklärung.
Über die Entartung durch Vererbung. Epilepsie und Multiple Sklerose und ihre Ursachen.
Hellsehen, eine mediale Fähigkeit.
Die Seele als Bindeglied zum geistigen Bereich.
Mut zur Wahrheit und seine Behinderung durch Milieu und Erziehung.
Armut und Reichtum als Basis für die Erfüllung der Lebensaufgaben.
Die Lüge, ein Attribut der Zivilisation.
Über die Irrwege abgeschiedener Geistwesen.
Über den Vorgang der Inkarnation.
Hysterie, ihre richtige Beurteilung und Behandlung.

ISBN 3-927518-06-9

Themenschwerpunkte in Band 4

Grundlegende Gedanken zum Einfluß geistiger Kräfte im materiellen Bereich.
Gedankenübertragung und ihre Wirkung auf jenseitige Geistwesen.
Über das Zustandekommen guter medialer Verbindungen.
Sinn und Zweck einer medialen Verbindung.
Richtige Auswahl der Themen, über die medial berichtet werden soll.

Über verschiedene Arten, wie sich Geistwesen bemerkbar machen können.
Mit Hilfe von »Geistärzten« durchgeführte Operationen.
Bewußtes Verlassen des materiellen Körpers.
Sinnlosigkeit und Gefahren solcher Experimente.
Erkennen eines fremden geistigen Einflusses.
Hindernisse in der Bekämpfung negativer Einflüsse.
Mediales Heilen und richtige Wahl der geistigen Kräfte.
Besessenheit und Wege zur Befreiung.
Notwendige Umstellung in der medizinischen Wissenschaft, vor allem auf dem Gebiet der psychischen und geistigen Krankheiten.

ISBN 3-927518-07-7

Themenschwerpunkte in Band 5

Beurteilung und richtige Auswahl geistiger Einflüsse.
Grundlagen und Erfordernisse für den geistigen Fortschritt der Menschheit.
Selbstbefreiung von geistiger Störung; religiöser Wahn; Auswirkung auf die Umgebung.
Spontanheilung.
Fremder Einfluß von „Stimmenhören" und Fehllenkung der Gedanken. Bericht einer Patientin.
Depressionen und ihre Ursachen.
Einfluß geistiger Störungen auf den Organismus. Unterscheidung zwischen geistiger Störung und Geisteskrankheit.
Spuk als Ursache von Angstneurosen. Zwang durch fremde Stimmen.
Vom irdischen Tod und den Folgen mangelnden Wissens.
Sexualität und ihre Bewertung.
Selbstmord und seine Folgen. Umdenken in Kirche und Wissenschaft.
Erscheint im 2. Halbjahr 1991

ISBN 3-927518-08-5

Themenschwerpunkte in Band 6

Grundlegende Gedanken über den Zusammenhang zwischen Geist und Materie. Der herrschende Zeitgeist.
Bewußte und unbewußte Kommunikation mit dem geistigen Bereich. Bewältigung des mitgebrachten Programms.
Ursachen geistiger Störungen im materiellen und geistigen Bereich.
Irrtum und Täuschung in der Beurteilung geistiger Phänomene.
Transzendentale Meditation und Voraussetzung zur Befreiung von dadurch verursachten Störungen.
Körperliche Leiden im Zusammenhang mit geistigen Störungen.
Die Aufgabe der Helfer, Abgrenzung zur Psychosomatik, Erziehung der Betreuer und des Milieus.
Verschiedene Arten unrichtiger Befassung mit Spiritismus.
Die zukünftigen Aufgaben der Wissenschaft.
Erscheint im 2. Halbjahr 1991

ISBN 3-927518-09-3

Sammelnummer für alle 6 Bände: ISBN 3-927518-03-4

Sämtliche Bände sind als Doppelbände (I/II, III/IV, V/VI) auch in Leinenbindung erhältlich.

RICHARD KATZ/PATRICIA KAMINSKI

BLÜTENESSENZEN
REPERTORIUM IHRER WIRKUNGSWEISEN

Sanfte Therapien nehmen mehr und mehr an Bedeutung zu. In der heutigen Zeit erkennt man dies an einer zunehmenden Anzahl von Veröffentlichungen über »Bach-Blüten«, Blumen die durch die Seele heilen.
Blütenessenzen sind Katalysatoren für die Seele. Sie vermögen durch direkte und ausschließliche Einwirkung auf die Seele von Mensch, Tier und Pflanze, deren physische (körperliche) Leiden zu beeinflussen. Mehrmals am Tag angewendet, können sie unsere inneren Heilkräfte aktivieren.
Zur weiterführenden Forschungsarbeit über das Thema Heilung mit Blütenessenzen hat sich vor mehr als 10 Jahren in Kalifornien eine Gruppe interessierter Menschen unter der Führung eines Psychologen gebildet. Diese Gruppe hat seither eine große Zahl Blütenessenzen erforscht und über die Ergebnisse das »Flower Essence Repertory« geschrieben. Es wurde ein ausführliches Nachschlagewerk mit über 1 400 Eintragungen sowohl über die »Kalifornischen« als auch die 38 Bach-Blüten und ist vorzüglich zur sicheren Auswahl der richtigen Blütenessenzen sowohl für den Therapeuten als auch für den Patienten geeignet.
Teil 1 des Repertoriums in deutscher Sprache gibt einen generellen Überblick über ca. 200 Symptomstichworte. Jeweils in kurzen Sätzen werden die »positiven« wie auch die »negativen« Qualitäten beschrieben.
Teil 2 enthält in alphabetischer Reihenfolge ca. 120 Blütenessenzen, sowie die Stichworte, unter denen sie in Teil 1 zu finden sind und eine kurze Beschreibung ihrer Wirkungen.

ISNB 3-927518-16-6

Dirk Albrodt

Gesund durch Blütenessenzen

Handbuch kalifornischer Blütenbehandlung

Nach Jahrzehnten der Erforschung und Etablierung der Bach-Blütentherapie ist nun die Zeit gekommen, weitere Erkenntnisse über die Heilkraft der Blüten zu suchen. Wie kann man das Spektrum der Möglichkeiten der Bach-Blüten erweitern? Gibt es Aspekte, die früher einen weniger großen Stellenwert in der Beurteilung von Blüten hatten, die heute aber beachtet werden sollten? Welche von Bach nicht benutzten Pflanzen verfügen dennoch über heilende Kräfte? Und welche sind für die Gegenwart, die Zeit des Umbruchs im Weltgefüge, besonders wichtig?
Das Buch »Gesund durch Blütenessenzen« faßt zum erstenmal die Informationen über die »neuen« Blüten zusammen. Jede einzelne von ihnen wird mit ihren Besonderheiten vorgestellt. Dazu wird ein Sechs-Schritt-Auswahlverfahren beschrieben, mit dessen Hilfe der Anwender schnell und sicher die für ihn selbst oder für andere passenden Blüten herausfinden kann. Kombinationen zueinander passender Essenzen werden vorgeschlagen, aber auch ergänzende Therapievorschläge gemacht, die die Wirkung der Essenzen verstärken können.
Ein Handbuch zum Kennenlernen der Kalifornischen Blütenessenzen, zum Lernen, zum Nachschlagen – ein Versuch, jeden auf die Möglichkeiten, die in ihm ungenutzt ruhen, aufmerksam zu machen und auf die Chance, diese Möglichkeiten leicht und sanft zu nutzen.
ISBN 3-927518-12-3

HERBERT THELESKLAF

BLÜTEN HEILEN KINDERSEELEN

In unserer modernen, technologisch geprägten Zivilisation, erleben die Kinder vermehrt ein Trauma, wenn sie in das Erdendasein eintreten, in dem die Natur zunehmend verändert und gestört ist. Es ist unser aller Aufgabe, Kindern zu helfen, unbefangen und voll Selbstvertrauen durchs Leben zu gehen und die Anforderungen ihrer wechselnden Lebensstationen zu bestehen, um als Erwachsene auf ihre Fundamente bauen zu können und ihr Leben erfüllt zu meistern.

Es gibt viele Wege, Kindern zu helfen, ihre inneren Kräfte in der physischen Welt harmonisch zu entwickeln. Eine natürliche Therapie durch Blütenessenzen, die auf der »Muttersprache« der Erde gründet, ist sicherlich eine der sanftesten und angemessensten.

Blütenessenzen können körperliche Beschwerden erleichtern, aber ihre besondere Wirkung erfaßt die feinstofflicheren Bereiche des menschlichen Seins, sie wirken über die Seele. Besonders in der Therapie von Kindern (und des Kindes in jedem von uns) scheint es wichtig zu sein, die Bedeutung der Seele zu verstehen. Kinder sind ja noch so offen und aufnahmefähig für subtile Einflüsse. Deshalb sind Blütenessenzen bei Kindern von so großer Wirksamkeit, und Therapeuten berichten, daß Kinder auf die passende Essenz sehr positiv und außergewöhnlich und häufig in kürzerer Zeit als Erwachsene reagieren.

»Blüten heilen Kinderseelen« richtet sich in erster Linie an die Eltern. Es soll aber auch Therapeuten Hinweise geben, welche Blütenessenzen gerade für Kinder hilfreich sind. Eine Sammlung ausgewählter Fallbeispiele ergänzt das Werk.

ISBN 3-927518-02-6

Maruschi Adamah Magyarosy

Das »Surya Namaskar« Rezept
Wie Sie die Energie der Sonne in Ihren Körper holen

Solange es Menschen gibt, sehnten sie sich nach Licht und nach der Wärme der Sonne. Die Sonne symbolisiert das Gesetz des Lebens — Verjüngung, Energie, Lebenskraft.
Die Weisen des alten Indien und anderer früher Kulturen verehrten die Sonne als Lebensspenderin. Am frühen Morgen bei Sonnenaufgang verneigten sie sich vor ihr, um ihren Dank und ihre Verehrung auszudrücken. Aus den entsprechenden Haltungen und aus der Bewegung in Verbindung mit dem Atem entstand ein kompletter Yoga–Zyklus — Surya Namaskar — das sich aus zwölf ineinander übergehenden Stellungen aufbaut.
Surya Namaskar kräftigt die Organe, stärkt die Muskeln, Bänder und Sehnen und stimuliert das Nervensystem, aktiviert und harmonisiert den Hormonhaushalt. Besonders intensiv ist die Wirkung auf die Wirbelsäule. Ihre wiedergewonnene Elastizität und Belastbarkeit ist bei regelmäßigem Üben bald zu spüren.
Den Sonnengruß können wir das ganze Leben hindurch bis ins hohe Alter, überall und jederzeit praktizieren. Surya Namaskar, bewußt als Körpermeditation durchgeführt, schenkt uns neben den oben erwähnten Wirkungen ein Gefühl von Geborgenheit, von Einssein mit dem Universum. Regelmäßig und mit entsprechender geistiger Einstellung geübt, verbessert der Sonnengruß unser körperlich–seelisch–geistiges Wohlbefinden, verbindet, harmonisiert und aktiviert Körper, Seele und Geist. Wir erleben unseren Körper als Mikrokosmos im Makrokosmos, im Universum.
»Surya Namaskar — der Sonnengruß« ist ein praktisches Übungsbuch mit vielen Illustrationen.

ISBN 3–927518–17–4

Maruschi Adamah Magyarosy

Vom Ozean zum Gipfel

Teil 1: Unterwegs mit der Sehnsucht
Teil 2. Der Eremit und Ich

Maruschi Adamah Magyarosy beschreibt das Indien hinter dem Indien, gesehen, gehört, wahrgenommen mit anderen Augen, mit anderen Ohren, denn die Seele Indiens läßt sich weder »touristisch« noch durch »Guru–Shopping« erfassen. Sie will erlebt und erfühlt sein, mit dem ganzen Herzen, nicht nur mit den Augen. Und das ist ein Prozeß, der nicht in einer zweiwöchigen »Sight–Seeing–Tour« geschieht.
Über die Begegnung mit herausragenden spirituellen Persönlichkeiten und Lehrern erlebt M. A. M. ihre persönlichen Prozesse, die sie dem interessierten Leser in ihrer originellen Art und Weise mitteilt. Besonders berührend ist der zweite Teil, die unmittelbare Begegnung mit dem Sannyasin, der ihr in persönlicher Weise das vermittelt, was sie zeitweise bereits auf ihrer äußeren und inneren »Pilgerreise« vom Ozean zum Gipfel erlebt hat. Sie erfährt eine innere Neuwerdung - und das wichtigste: Liebe kommt nicht von außen — sie ist weder an Normen, noch an Konfessionen, noch an Konventionen gebunden. Sie kennt kein Gesetz, kein Alter, kein Geschlecht, keine Rasse. Sie ist kein Spiel für Feiglinge und Schwächlinge. „Sie wird aus unserem Bewußtsein geboren. Sie kann nur in Freiheit bestehen und sich entfalten. Und doch verbindet sie alles... denn um der Liebe willen ist die Schöpfung entstanden und um der Liebe willen wird sie aufrechterhalten..."

ISBN 3–927518–11–5

Hans Höting

Kraftquell Gedanke

Gedankenkraft schafft Lebenskraft

Der Rolle des Geistes und der Energie bei der Vorbeugung und Heilung von Krankheiten wird von der Medizin eine immer größere Bedeutung zugemessen. Hans Höting hat als Heilpraktiker erkannt, daß die wirkliche Ursache vieler Erkrankungen im geistig-energetischen Bereich zu suchen ist und daß echte, dauerhafte Heilung nur zu erreichen ist, wenn die Therapie hierauf abgestimmt wird.

»Kraftquell Gedanke« ist voll von theoretischen Hinweisen und praktischen Anwendungen zur Vorbeugung und Selbstbehandlung von Krankheiten. Dabei verbindet der Autor ganz bewußt Witz und Weisheit. Damit will er den Leser auf zweierlei hinweisen:

1. Geistheilung hat nichts mit den oft frömmelnd, geheimnisvoll, fanatisch praktizierten, esoterisch angehauchten Heilsbotschaften einiger selbsternannter Meditationsfreaks und Heilgurus zu tun. Geistheilung muß lebensnah bleiben, so, wie es der Humor ist.
2. Der Humor wird zur Therapie, wenn Witz und Weisheit verbinden.

Weil es hierbei um grundlegende Erkenntnisse und Lebensgesetze geht, gibt das Buch ganz nebenbei viele Anregungen zur Bewußtseinsbildung, zum Thema »Positive Lebenseinstellung« und »Lebensmeisterung«, unterstützt durch viele Aphorismen.

Ein ungewöhnliches Buch, flüssig, praxisnah, interessant geschrieben. Es wendet sich an alle mit dem Ziel der Bewußtseinserweiterung, Verbesserung der Lebensqualität und der Festigung der eigenen Gesundheit. Vor allem aber sei das Buch Kranken empfohlen. Es zeigt ihnen neue Perspektiven auf, mit dem Schicksal Krankheit besser fertig zu werden.

ISBN 3-927518-10-7

William P. Lambert M.I.P.T.I., M.A.P.N.T.

Die Aura — dein Farbenkleid

Das faszinierende Strahlen der menschlichen Aura kann so wunderschön sein, daß es jenseits einer adäquaten Darstellung mit weltlichen Farben durch jeden Künstler liegt. Das kommt daher, daß die Aura in ihrer Erscheinung lebendig ist, schwingt und sich irisierend in regenbogenartig strahlenden Farben entfaltet, die sich bewegen und pulsieren. Die Aura offenbart die Qualität, den Fortschritt und die Entwicklung einer Seele.

Das Buch enthält viele farbige Aurabilder und ist die Geschichte eigener Erfahrungen eines natürlich-sensitiven Menschen, der im Jahr 1983 plötzlich entdeckte, daß er Aurabilder malen konnte. 1985 zeichnete er plötzlich mit geschlossenen Augen ein vollständiges Gesicht in das Aurabild eines Patienten.

Seither hat man den Autor gebeten, mehrere Tausend Auras aus der Inspiration heraus zu malen. Diese Bilder entstehen in Verbindung mit spiritueller Psychotherapie, um Probleme aus tieferen Ebenen des Bewußtseins zu klären. Berücksichtigt werden auch die kosmischen Gesetze.

William P. Lambert arbeitet seit 1970 als Heiler. 1976 trat er in das College White Lodge (Ausbildungszentrum für Geistheiler in England) ein. 1985 gab er seine damalige berufliche Tätigkeit auf und arbeitet seither als Lehrer für die White Lodge in England, Deutschland und Österreich.

William P. Lambert ist Gründer von „The Triad Center" in Horsham und unterrichtet dort Heilen für den West Sussex County Council. Er ist stellvertretender Vorsitzender der Sussex Spiritual Healers Association mit über 600 Mitgliedern.

ISBN 3-927518-14-X

HEINER KERSTING

NUAD – DIE TRADITIONELLE THAI–HEILMASSAGE

Das theoretische Fundament der Traditionellen Thai–Heilmassage bildet eine Art Energiebahnen, die sogenannten zehn Sen. In der Yoga–Philosophie heißt es darüber: »Prana« (Lebensenergie) wird mit der Atmung und der Nah–rung über ein Netz von feinstofflichen Energielinien (Sen oder Nadis) im Körper verteilt. Kommt es zu Blockaden in diesen Kanälen oder fließt zuviel Energie in diesen Sen, so führt das zum Ungleichgewicht der Körperfunktionen.
Mit ihrer Vielzahl an verschiedenen Techniken und besonderen Bewegungsabläufen gibt die Thai–Heilmassage die Möglichkeit, den Energiefluß des Körpers positiv zu beeinflussen. Das heißt, Energiestauungen können abgebaut, Spannungen ausgeglichen und geschwächte Körperpartien aktiviert werden. So wird eine Massagebehandlung dazu beitragen, die in uns wohnenden Kräfte zu harmonisieren und auszugleichen, was sich in einer Steigerung der Lebenskraft deutlich macht.
Zweifellos ist die besondere Technik der Traditionellen Thai–Heilmassage mit keiner bekannten Massageart zu vergleichen. Sie erfordert vom Massierenden ein bestimmtes Maß an Bewegungsfähigkeit und erinnert in ihrer harmonischen Ausführung an vielen Stellen fast an einen Tanz. Wie bei einem Tanz können aktive Bewegungen des Masseurs mit den passenden Bewegungen des Massierten zu einem Ganzen verschmelzen. Das heißt auch über die herkömmliche »zweckorientierte Massage« hinauszugehen und einen Teil der Grenzen zwischen Therapeut und Klient aufzuheben.
Einfache Basisübungen sind von jedermann leicht nachzuvollziehen. »Die Traditionelle Thai–Heilmassage« ist ein reich bebilderter Leitfaden dazu.

ISBN 3–927518–18–2